지구와 충돌하지 않고 착륙하는 방법

신기후체제의 정치

지은이 **브뤼노 라투르** Bruno Latour

프랑스의 사회학자이자 인류학자, 철학자. 과학기술학 연구자이다. 1982년부터 2006년까지 파리국립광업학교에서, 2006년부터 2017년까지 파리정치대학에서 교수로 재직했다. 파리정치대학의 명예교수이며, 2018년부터는 독일 카를스루 미디어아트센터에서 연구를 이어 가고 있다. 과학기술 분야의 개척자이자 가장 영향력 있는 사상가로서 2013년에는 인문사회과학 분야의 노벨상으로 불리는 홀베르상을 수상했다. 대표 저서로는 첫 책인『실험실 생활*Laboratory Life*』부터, 과학기술학의 고전으로 자리매김한『젊은 과학의 전선*Science in Action*』, 근대성에 대한 독특한 관점을 담은『우리는 결코 근대인이었던 적이 없다*We Have Never Been Modern*』, 과학전쟁의 결과를 탐구한『판도라의 희망*Pandora's Hope*』등 숱한 문제작들을 펴냈다.

옮긴이 **박범순**

카이스트 과학기술정책대학원 교수이자 인류세 연구센터 센터장. 서울대학교에서 화학을 공부했고, 존스홉킨스대학교에서 과학사로 박사 학위를 받았으며, 미국립보건원NIH에서 포스트닥 펠로우로 생명의료정책의 역사를 연구했다. 여러 학문 분야 사이에서 새로운 지식과 기술이 등장할 때, 그것들이 사회에서 받아들여지는 과정에 큰 관심이 있다. 최근에는 인류세의 개념을 활용하여 동아시아 국가의 근대화 과정을 바라보는 연구를 하고 있다.

지구와

충돌하지 않고

착륙하는 방법

신기후체제의 정치

브뤼노 라투르 지음
박범순 옮김

 이음

우리는 충분히 많은 책을 읽었다.

— 재러드 쿠슈너[1]

일러두기

- 이 책은 지은이의 동의를 얻어 영문판인 *Down to Earth* (Polity, 2018)를 우리말로 옮긴 것입니다. 영문판의 오류를 바로잡기 위해서 원서인 *Où atterrir?* (Éditions La Découverte, 2017)를 참고했습니다.
- 원문에서 이탤릭체로 강조한 곳은 고딕으로 표시했습니다.
- 지은이 주는 모두 미주로 처리했으며(1, 2…), 옮긴이 주는 본문 하단에 설명주로 덧붙였습니다(*).
- 본문의 (소괄호)는 지은이가 추가한 것이며, [대괄호]는 옮긴이가 내용의 이해를 돕기 위해 추가한 것입니다.

한국어판 서문

팬데믹은 이 책을 출간한 이후에 발생했지만, 이 글에서 주장하는 내용과 밀접하게 연관되어 있다. 서문에서는 이 점을 간략히 강조하려고 한다. 꽤 오래되었지만 그렇다고 아주 구닥다리라고는 할 수 없는, 다음과 같은 질문을 떠올려 보자. "어떤 사람들이 어느 땅에 살고 있는가?" 나는 팬데믹으로 인한 락다운lockdown의 에피소드를 매우 유용한 '자연적 실험natural experiment'으로 보고자 한다. 우리 모두 두 가지 측면에서 앞의 질문을 완전히 다르게 느낄 수 있기 때문이다. 먼저 글로벌, 국가, 로컬 사이의 경계가 별안간 재편되었기 때문에 우리는 다른 영토에 자리 잡아야 했다. 또한 경제가 멈추면서 이선에는 배경으로만 존재하던 계층의 차이가 드러남에 따라, 우리가 어떤 사람인지 심각하게 다시 생각해야만 했다. 사실상, 락다운은 이 책에서 다룬 착륙의 문제에 관해 매우 실제적이고 실존적인 차원을 보여 준다.

오늘날 그 어떤 인류학자도 문화의 '물질성physicality*'을 고려하지 않고 문화를 정의할 수 없을 것이다. 그러나 '물질성'의 의미는 기후변화뿐 아니라 바이러스의 출현으로 완전히 바뀌었다. 기후변화와 바이러스의 출현 모두 사회적이든 문화적이든지 간에 인간의 활동에 따른 결과이기 때문이다. 그렇다면, 역으로 '물리' 과학의 의미는 무엇일까? 이 분야가 연구하던 메커니즘과 지형이 어떤 식으로든 '인간'의 활동으로부터 영향을 받아 가속화되거나 변화된다면 말이다. 지구과학에서 말하는 **임계영역**Critical Zones의 개념은 매우 흥미롭다. 이런 연유에서 나는 독일 카를스루Karlsruhe의 미디어아트센터ZKM에서 이 주제로 전시를 열었고, MIT 출판사에서 나온 『임계영역과 지상 착륙의 과학과 정치*Critical Zones and the Science and Politics of Landing on Earth*』라는 카탈로그를 공동으로 편저했다.

지금까지 단순히 인간사의 **배경**으로만 인식되던 육지에 대한 정의는 임계영역의 개념 덕분에 완전히 바뀌었다. 내가 임계영역에 매료된 이유는 매우 간단하다. 갈릴레오 이래, 지구를 여러 물리적 객체 중의 하나인 행성으로 논할 때 상상하던 것과는 달리(마치 무한한 우주의 어디엔가 위치한 가상의 지점에서 지구를 바라보고 있는 것처럼), 인간을 포함한 모든 생명체가 경험

---

* 라투르가 여기서 materiality 대신 physicality를 사용한 이유는, 아마도 단순히 물질의 측면과 아울러 3차원적 형상도 내포하려는 의도가 있었기 때문이라고 생각한다. 어쨌든, 우리말로는 이 두 가지 모두 '물질성'으로 번역해도 무난할 것으로 본다.

하는 지구는 사실상 놀랍게도 얇은 생물막biofilm이라는 것이다. 우리의 머리 위 그리고 발아래로 불과 몇 킬로미터의 두께에 지나지 않고, 그 안에서만 관측될 수 있는 막이다.

　　임계영역의 특이성은 그 이질성heterogeneity에 있다. '임계'라는 용어는 접점interface, 막membrane, 또는 불평형상태와 동의어로 쓰일 뿐 아니라 연약하고 위협받는다는 의미도 포함한다. 그래서 지구의 여러 장소에 임계영역 관측소가 설치되어 있다. 여기서 한 발은 (대체로 지구화학) 실험실에 두고, 다른 한 발은 (외부 실험실을 가능한 모방해 많은 실험기기를 모아 둔 근거리 지역인) 필드를 밟는다. 지난 6년간 이 분야의 과학자들을 따라다니며 알게 된 매우 충격적인 사실은, 임계영역의 이질성으로 인해 이러한 생물막의 작동 양식, 강건성, 복잡성에 대해 알려진 바가 거의 없다는 점이다. 임계영역은 (외계에 있는 소수의 우주인을 제외하고) 우리가 경험하는 유일한 현장이지만, '물질적 세계'의 한 부분으로서 가장 모르는 곳이기도 하다. 따라서 사람들이 물질적 세계를 인간 행위의 배경으로 정의하고 사용하려고 할 때마다, 그 '물질성'의 의미를 제대로 알고 있는지 깊은 의구심이 든다. 코로나19 락다운을 통해 얻을 수 있었던 큰 소득은 우리가 실제로 임계영역에 갇혀 있음을 깨닫게 해줬다는 것이다. 이 깨달음은 앞으로 매우 유용한 은유로 쓰일 것 같다. 불과 얼마 전까지 우리는 무한한 우주를 마음대로 휘젓고 다닐 수 있다고 생각했다. 착륙지를 바꾼다는 것은 완전히 다른 곳에 위치함을 의미한다. 바로 이런 연유에서 이 책의 원제목인 『어디에 착륙할 것인가?*Où atterrir?*』는 적절하다고 본다.

하지만 임계영역은 생명체가 생존을 위해 적응해야 했던 곳이 아니라, 생명체가 거주할 수 있도록 자신을 위해 변형시킨 곳이기도 하다. 점잖은 사람들의 모임에서 가이아라는 말을 꺼내기 꺼림칙하다는 것을 잘 안다. 하지만, 오늘날 직면한 문제에 꼭 필요한 이 개념을 거부한다는 사실은 정말 놀랍다. 나쁜 평판과는 달리, 가이아는 지구 행성을 살아 있는 존재로 숭배하는 절반은 종교적이고 다른 절반은 과학적인 의식과 아무런 관련이 없다. 내가 『가이아 마주하기*Facing Gaia*』라는 책에서 주장했듯이, 가이아가 과학적으로 흥미로운 이유는 섭리攝理에 기반한 설명을 피할 수 있어서이다. 지질학자와 생물학자 모두 지구상의 생명을 다룰 때 '섭리적'이란 용어를 사용한다. 내가 이 단어에 집착하는 것처럼 보인다면, 이유는 단순하다. 그들의 교과서는 지구가 지난 45억 년 동안 생명체가 적응할 수 있는 최적의 거주 조건(적당한 온도, 충분한 양의 수분, 태양광선으로부터의 보호, 풍부한 물질, 태양으로부터의 완벽한 거리 등)을 부여했다는 사실을 칭송하도록 했기 때문이다. 가이아 논점은 이런 섭리적 에덴동산 (그 배후에 있는 신의 존재를 불가피하게 의미하는) 관념을 거부하고, 그러한 '이상적'이고 '섭리적'인 조건은 오랜 세월 생명체 자체에 의해 만들어진 것임을 보여 준다. 바로 이 생명체들이 숨을 쉴 수 있는 대기를 제공했고, 해양의 물을 유지했으며, 산을 만들었고, 드물게 생겨나는 물질을 그들의 순환 속도에 따라 풍부히 공급했다. 이들의 작동을 확인할 수 있는 예는 많다.

만일 그 어떤 섭리적인 설명을 거부하는 정말 '과학적'인

가설이 있다면, 그것은 바로 제임스 러브록James Lovelock과 린 마굴리스Lynn Margulis의 가이아 가설이다. 지구의 작동을 이해하려는 자들이 그런 과학적 사실 ― 행성으로서의 지구가 아니라 생명체의 출현 이래 거주한 유일한 곳인 몇 킬로미터 두께밖에 안 되는 임계영역으로서의 지구 ― 을 거부한다니, 그저 놀라울 뿐이다. 러브록의 발견은 우리를 영원히 락다운하고 있다. 여기서 영원이란 말은 우리가 존재할 기간, 적어도 우주가 존재할 시간을 말한다. 여러 면에서 가이아는 '자연'을 철저히 대체할 개념이다. 가이아 안에서 인간인 것은 '자연'에서 또는 그 밖에서 인간인 것과 같지 않다.

사실상 그 이유는 지구가 일종의 **자율조절** 총체ensemble이며, 자율조절은 생명체의 활동으로 세세대대 거저 부여된다는 발상을 사람들이 완전히 받아들였기 때문이다. 이제 사람들은 지구의 모습이 다른 생명의 형태에 의해, 즉 '산업화된 인간industrialized humans'에 의해 깨질 수 있음을 이해한다. 만일 자율조절이 없다면, 근대 산업에 의해 자율조절이 흐트러지지 않았다면, 왜 온도에 신경을 쓰겠는가? 어이없게도, 모든 국제 정치체제 아래에서 과학 이론이 무시되고 거부되며 조롱받을 때, 그 결과로 칸트식의 보편적 명령과 같은 것이 나타난다. "너희는 온도 상승을 2도 아래로 유지하라. 그러지 않으면 죽을 것이다!" 우리 자신의 행동에 즉각적으로 반응하는 좁은 공간에 우리가 락다운되어 있다는 관념 자체가 우주적인 상황으로 치부되는 동시에 정치적인 명령으로 받아들여지고 있는 것이다.

락다운이 바로 이 지점을 잘 설명한다. 해외여행을 박탈당한 부자들은, 그들이 주민으로 살던 장소가 문제시된다는 걸 지금에서야 깨달았다. 등방성isotropic의 공간 대용으로 여겨지던 글로벌화는 순식간에 사라졌다. 완전히 다른 공간화의 경험이 눈앞에 드러났다. 사람들은 이제 논란의 여지가 없는 '공간'에 살고 있지 않으며, 오히려 미생물이 번식할 가능성이 있는 곳인지 아닌지, 국가가 보건 규제를 내릴 가능성이 있는지 아닌지, 어디론가 떠날 비행기와 기차가 있는지에 따라, 그들이 다르게 '공간 배치'되고 있음을 깨달아 간다.

공간은 갈등, 법, 기술로 벡터화되는 곳이지, 실체가 '위치될' 수 있는 '내부'의 독립적이고 추상적인 격자판이 절대 아니다. 내가 줄곧 제안해 왔던 이것을 갑자기 모든 사람이 온몸으로 이해하기 시작했다. 모든 생명체는 자신의 활동으로 공간을 제한하고, 다른 이들에게 가능한 한 멀리 확장하기도 한다. 이는 코로나19 바이러스를 보면 잘 알 수 있다. 불과 몇 달 만에 수백만 명에 달하는 사람들의 목구멍, 코, 폐에 침입하여 글로벌화에 성공했다. 그뿐만 아니라 모든 물품을 손쉽게 주문할 수 있다고 자신하는 아마존이나 '지역'의 농산물만 판매한다고 주장하는 '바이오 캅bio cop'에서도 발견할 수 있다. 아마도 팬데믹의 가장 두드러진 효과는 (전문가들에게는 알려져 있었으나 일반적으로는 이해되지 않았던 것인데) 추상적인 공간 관념의 실종일 것이다. 락다운된 사람들은 더 이상 미터법을 따르는 공간의 정의를 당연히 여길 수 없게 되었다. 이것이 내가 이 책의 후속편으로 쓴 『나는 어디에?*Où suis-je?*』에서 이야기한 내용이다.

팬데믹의 경험은 실제로 더 큰 관련이 있다. 오늘날 주요 문제인 지구온난화와 팬데믹이 중대하게 연결되어 있기 때문이다. 지난 5개월간 팬데믹을 다루기 위해 수많은 정책이 도입되었는데, 이것들이 이산화탄소 배출량을 줄이고, 생물 다양성의 손실을 막기 위해 해야 하는 것들에 비해 얼마나 작은 노력인지를 깨닫는다면, 생존의 위협을 다루는 인문학과 자연과학의 협력이 얼마나 특별해야 하는지를 이해하게 될 것이다. 지금 벌어지는 사람과 장소의 분리는 (말하자면 정치를 잔혹하게 하는 거리감과 '국제 질서'라 불리던 것의 파괴는) 시작 단계에 불과하다. 근대주의의 폐허에서 사는 것은 물론 신이 나지만, 지금 당장은 두렵기도 하다. 그러기에 우리는 이 팬데믹 시기에 지구와 충돌하지 않고 착륙하는 방법을 배워야 한다.

2021년 1월
브뤼노 라투르

차례

1

이 책은 2016년 11월 8일 도널드 트럼프의 미국 대통령 당선
을 모티브로 삼아, 이미 여러 논자論者가 주목했던 세 가지 현
상을 다루려고 한다. 그들은 이 현상들의 연관성을 파악하지
못해 세 가지 현상을 연계함으로써 얻을 수 있는 엄청난 정치
적 잠재력을 보지 못했다.

1990년대 초, 베를린 장벽의 붕괴로 상징되는 공산주의
의 몰락 이후 역사의 종말이 거론되던 바로 그때,[2] 또 다른 역
사가 서서히 시작되고 있었다.

이 역사는 '글로벌화globalization'란 용어를 갈수록 경멸하
게 만든 '탈규제'의 형태로 처음 나타났다. 이때가 바로 동시다
발적이고 현기증 날 정도로 불평등이 폭증한 시기였다. 이 두
현상에 비해 그다지 큰 주목을 받지 못했지만 세 번째 현상도
동시에 나타났다. 바로 기후변화의 실재 자체를 부정하려는
체계적인 시도가 시작됐다. 여기서 '기후'는 넓은 의미에서 인
간과 인간 삶의 물질적 조건 사이의 관계를 말한다.

이 책에서는 세 현상을 동일한 역사적 상황의 증상으로
보자고 제안한다. 그 상황은 (오늘날 소위 '엘리트'라고 불리는) 핵
심 지배계층이 지구에는 다른 사람들과 함께 지내기에 충분한
공간이 더 이상 남아 있지 않다고 내린 결론에 잘 드러나 있다.

결과적으로, 그들은 모든 인간이 평등하게 번영할 세계,
그 공동의 지평선을 향해 역사가 나아갈 거라 믿고 행동하는

것이 무의미하다고 결정했다. 1980년대 이후 지배계층은 다른 사람들을 이끄는 것을 포기하고, 세상으로부터 그들 자신만을 피신시키기 시작했다. 우리는 이와 같은 도주로 인한 결과를 고스란히 경험하고 있고, 도널드 트럼프는 그 상징 중의 하나일 뿐이다. 함께 나눌 **공통 세계**common world의 부재는 우리를 미치도록 화나게 한다.

기후변화와 기후변화를 부정하는 문제를 전면에, 핵심적으로 내세우지 않는다면 지난 50년간의 정치에 관해 아무것도 이해할 수 없다는 것이 이 책의 가설이다. 우리가 신기후체제 New Climatic Regime3에 들어섰다는 생각 없이는 불평등의 폭증, 탈규제가 영향을 미치는 범위, 글로벌화에 대한 비판을 이해할 수 없고, 가장 중요하게는 **국민국가**nation state의 보호로 귀환하려는 광적인 갈망 — "포퓰리즘의 발흥"으로 잘못 알려진 갈망 — 을 파악할 수 없다.

공통의 지향점을 잃어버린 상황에 저항하기 위해 우리는 **땅**earth*으로 내려와야 한다. 어딘가에 **착륙**해야 한다. 즉, 우리의 태도를 어떻게 정하고 어디에 지향을 둘지 배워야 한다. 이를 위해 필요한 것은 새로운 지형에 위치가 표시된 **지도**이다. 공공 생활public life의 **정동**靜動, affect**뿐만 아니라 그 **중요성**stake 도 재정의되는 지형 말이다.

앞으로 진개할 생각은 특정한 정치적 정동political affect이 새로운 목표를 세우는 데 쓰일 가능성이 있는지 모색하면서 일부러 직설적으로 표현했다.

나는 정치학의 권위자가 아니기에, 이 책의 역할은 독자

에게 내 가설이 틀렸음을 증명하고 더 나은 것을 찾을 수 있도
록 기회를 제공하는 데 그칠 것이다.

2

우선, 도널드 트럼프의 지지자들에게 공을 돌리겠다. 그들은 우리가 어떤 문제에 직면했는지 명확히 깨닫게 해주었다. 트럼프 지지자들은 트럼프를 압박해 2017년 6월 1일 미국이 파리기후변화협약에서 탈퇴한다는 선언을 하게 했다.

수백만 환경주의자들의 투쟁, 수천 과학자들의 경고, 수백 기업인들의 행동, 심지어 프란체스코 교황의 노력조차[4] 어떻게 하지 못한 일을 트럼프가 해냈다. 이제 모두가 알게 됐다. 기후 문제는 **지정학적 이슈의 핵심**이며 불의, 불평등의 문제와 직접 연관되어 있다는 것을.[5]

트럼프는 파리협약을 탈퇴함으로써, 세계전쟁까지는 아니더라도 적어도 어디를 전쟁터로 삼을 것인지에 대한 싸움을 분명히 촉발했다. "우리 미국인은 당신들과 같은 지구에 있지 않아. 너희들의 지구는 위협받을지 모르겠지만, 우리의 지구는 괜찮아!"

이로써 1992년 부시 대통령이 리우데자네이루에서 예측했던 정치적인 또는 아마도 군사적인 — 어느 쪽이든 실존적인 — 결과가 명백해졌다. "우리의 삶의 방식은 협상 대상이 아니다!"라는 것이다. 적어도 이건 분명하다. '서구'로 불리던 곳에서 공통적으로 논의하던 세상world이라는 이상은 이제 존재하지 않는다.

첫 번째 역사적인 사건은 브렉시트Brexit다. 육지뿐만 아니라 바다에서도 방대한 공간을 시장으로 만들어 낸 나라, 유럽연합을 거대한 상점에 불과하도록 쉴 새 없이 몰아붙였던 나라, 바로 이 나라가 갑자기 수천 명의 난민이 몰려들자 충동적으로 글로벌화라는 게임을 중단하기로 했다. 오래전에 사라진 제국을 찾아, (점점 더 버거워지는 어려움을 대가로 치르면서) 유럽에서 벗어나려고 시도하는 중이다.

두 번째 역사적 사건은 트럼프의 당선이다. 세계에 특정한 형태의 글로벌화를 맹렬히 강요했던 나라, 원주민을 쫓아낸 와중에 이민자의 국가라는 정체성을 세웠던 나라, 바로 그 나라가 요새 안에 나라를 고립시키고, 난민이 들어오는 것을 막고, 자신들의 영토*에서 벌어지지 않은 일에는 어떠한 구호 활동도 하지 않겠다고 약속한 사람에게 국가의 운명을 맡겼다. 그런 순간에도 그 나라는 부주의하고 서투른 실수를 관습적으로 저지르면서 세계 곳곳에 계속 개입하고 있다.

체계적으로 국경을 해체하자고 주장했던 사람들마저 국경을 호의적으로 생각하게 된 새로운 경향만으로도 글로벌화라는 개념의 수명이 다하고 있음을 확인할 수 있다. 예전의 '자

---

* 원문에서 soil을 번역한 것이다. 여기서 영토는 단순히 물리적 존재로서의 흙이나 공간적 의미의 영역이 아니라, 정치·경제·문화적 활동과 소속을 내포한다. 저자는 땅을 뜻하는 것으로 earth, soil, land, ground, territory 등 여러 단어를 사용했는데, 각각의 뉘앙스가 조금씩 다르다. 옮긴이는 저자의 의도와 글의 맥락을 고려하고 최대한 일관성을 유지하며 땅, 흙, 영토, 영역, 토지, 토양 등으로 다양하게 번역했다. 단, 원문과 번역문에 사용된 단어 사이의 일대일 대응은 유지하기 어려움을 일러둔다.

유 세계'에서 가장 위대했던 두 나라가 다른 나라들에 말한다. "우리의 역사는 더 이상 당신네 역사와 아무런 관련이 없을 테니, 꺼져!"

세 번째 역사적 사건은 이주migration의 재개와 연장 및 확대이다. 전 세계가 글로벌화의 다중적 위협을 겪고 있는 지금 이 순간, 많은 나라가 수백만, 어쩌면 수천만 명의 사람들이[6] 자신의 영토로 들어오는 것을 어떻게 대처할지 고민하고 있다. 이들은 누적된 분쟁, 경제 실패, 기후변화에 떠밀려 가족과 함께 살 수 있는 곳을 찾아 나선 사람들이다.

어떤 사람은 이 사건들이 아주 오래된 문제라고 주장하겠지만, 아니다. 이 세 현상은 하나의 전환 즉, **영토라는 관념 자체의 변화**에 대한 서로 다른 측면일 뿐이다. 글로벌화가 꿈꾸던 영토는 사라지기 시작했다. 이는 우리가 신중히 부르는 '이주의 위기migratory crisis'의 정말이지 새로운 측면이다.

만약 고뇌가 깊어진다면, 그것은 각자의 발아래에서 땅이 꺼져 가는 느낌을 받기 시작했기 때문이다. 우리 모두 다시 발견해 거주할 미지의 영토를 향해 이주 중이라는 것을 흐릿하게나마 깨닫고 있다.

이것은 매우 중요하지만 가장 적게 논의된 네 번째 역사적 사건 때문이다. 이 사건은 2015년 12월 12일 파리에서 열린 COP21이라는 당사국 총회가 끝날 무렵, 기후에 대한 협약이 합의되던 시점에 일어났다.

총회와 관련해 진짜 충격적인 것은 대표단이 결정한 내용이 아니다. 심지어 합의가 실제로 이행될 것인지 그 여부조차 중요하지 않다(기후변화 부정론자들은 협약을 무효화하기 위해 최선을 다할 것이기에). 중대한 사실은, 불가능한 것처럼 보였던 협약을 완성하고 손뼉을 치고 있던 12월의 그날, 서명국들은 만약 각국의 근대화 계획을 계속 진행해 간다면 그들이 희망하는 발전을 모두 담보할 행성 자체가 존재하지 않게 된다는 점을 경고처럼 깨달았다는 것이다.[7] 그들의 계획을 위해선 여러 개의 행성이 필요했다. 하지만 행성은 오직 하나뿐이다.

이제 각국이 원하는 방향으로 나아갈 글로벌화의 글로브 Globe*를 담아낼 행성도, 지구도, 땅도, 영토도 없다면, 이전까지 모든 사람에게 보장되었던 홈랜드homeland는 더 이상 존재할 수 없다.

우리 각각은 따라서 다음과 같은 문제에 직면한다. 계속 탈주의 꿈을 꿀 것인가, 아니면 우리와 우리의 아이들이 살아갈 수 있는 영역을 찾아 나서야 하는가?

문제의 존재를 부정할 것인가, 아니면 착지할 장소를 물색할 것인가? 지금부터는 이것이 정치적 지형에서의 '좌파'와 '우파'라는 정체성보다 훨씬 더 중요하게 우리 모두를 갈라놓는다.

이는 부자 나라의 새로운 거주자뿐만 아니라 오래된 거주자에게도 해당하는 이야기이다. 먼저, 그들은 글로벌화를 감당

---

*   globalization은 세계화, 국제화, 지구화 등으로 번역되거나 글로벌라이제이션으로 음차해서 쓰기도 한다. 여기에서는 글로벌화로 번역했다. 라투르는 어떤 변화의 대상이 되는 글로브의 존재를 전제하기 위해 이 용어를 사용했는데, 이것이 행성으로서의 지구나 국가사회의 세계를 의미하는 것이 아니기에, 추상적 의미의 글로브를 강조하기 위해 대문자로 표시했다.

할 행성이 없기에 삶의 방식을 완전히 바꿔야 하리라는 것을 알고 있다. 그리고 완전히 파괴된 예전의 땅을 떠나야 했기 때문에, 그들 역시 삶의 방식을 완전히 바꾸고 새로운 것을 배워야 함을 알고 있다.

다시 말해 이주의 위기는 일상이 됐다.

지금부터는, 엄청난 비극 속에 조국을 뒤로하고 국경을 넘어온 외부로부터의 이주민과 함께, 그 자리에 머물러 있기는 하지만 자기 자신의 나라에 의해 뒤로 밀려나는 것을 경험하고 있는 내부로부터의 이주민을 추가로 생각해야 한다. 이주의 위기를 개념화하기 매우 어려운 이유는 그것이 모두가 함께 겪는 몹시 고통스러운 시련, 즉 땅을 박탈당하는 시련에서 나오는 증상이기 때문이다.

이 시련은 왜 우리가 상황의 긴박함에 대해 상대적으로 무심한지, 왜 아무것도 하지 않으면서 "결국 모든 것이 괜찮아질 거라고" 바랄 때 기후 침묵주의자가 되어 버리는지 설명해 준다. 행성의 상황에 대해 매일 같이 듣는 뉴스가 우리의 정신상태에 어떤 영향을 미칠지 궁금할 수밖에 없다. 적절한 대응방법을 모르는데 어떻게 내심 불안하지 않을 수 있겠는가?

지극히 개인적이면서 집단적이기도 한 바로 이 불안감이 트럼프의 대통령 당선을 주목하게 한다. 이 불안감이 없었다면 그것은 아주 평범한 TV 시리즈 대본에서 읽을 법한 이야기와 크게 다르지 않았을 것이다.

미국은 둘 중 하나를 선택할 수 있었다. 기후변화의 정도와 책임의 방대함을 인정하고 마침내 현실을 직시하여 자유 세계를 심연에서 구해 내거나, 아니면 자유 세계를 부정의 늪에 더 깊게 빠뜨리는 것이다. 트럼프 뒤에 숨은 사람들은 미국을 몽상 속에서 몇 년 더 헤매도록 하여 땅에 내려오는 것을 막으면서, 다른 나라들은 심연 속에 빠뜨리기로 결정했다. 아마도 영원히.

3

어디에 착륙할지에 대한 문제는 일찌감치 행성의 근대화를 추진했던 사람들에겐 고민거리가 아니었다. 이 문제는 4세기 동안 위대한 발견, 제국, 근대화, 발전, 그리고 마침내 글로벌화의 영향을 받은 사람들에게만 매우 고통스럽게 발생했다. 그들은 땅을 박탈당한다는 것이 무엇을 의미하는지 정확히 알고 있었고, 자신의 땅에서 쫓겨나는 것이 무엇을 의미하는지도 잘 알고 있었다. 정복과 몰살, 토지 점령에서 살아남는 문제에 대해 전문가가 될 수밖에는, 다른 선택지는 없었다.

근대화를 이끌던 사람들에게 매우 새로운 사실은, 이제 더 이상 영토의 문제가 다른 사람들에게만 국한되는 것이 아니라 자신들에게도 적용된다는 점이다. 피비린내가 덜 나고, 덜 잔인하고, 덜 감지될 수도 있겠지만, 사실상 이 문제는 지금까지 토지를 소유하고 있던 사람들 — 대개 정복 전쟁에서 토착민으로부터 땅을 빼앗았던 사람들 — 의 영토를 빼앗는 극렬한 싸움으로 귀결된다.[8]

두 가지 다른 형태로 영토를 잃은 사람들의 상실감 사이에 일종의 '가족 유사성family resemblance'과 같은 것이 보이면서, 탈식민postcolonial이라는 용어에도 예상치 못한 의미가 덧붙여진다. 말하자면, "영토를 잃었다고? 우리가 당신 것을 빼앗았다고? 음, 우리도 영토를 잃고 있다는 것을 알아야 해…"와 같은 식이다. 따라서 동지애와 같은 의식이 없음에도, 이상하게도 새롭게 생겨난 유대감이 뿌리 깊은 갈등을 대체하고 있다. "어떻게 해서 저항하고 살아남았지? 우리도 그 방법을 당신들에게서 배울 수 있다면 좋을 텐데."[9] 이 질문에 대해 "같은 처지가 된 것을 환영해!"라는 낮은 목소리의 비아냥대는 반응이 나오고 있다.

다시 말해, 현대 정치는 거의 공황 상태 같은 현기증에 휩싸여 있다. 모두의 발밑에서 땅이 무너져 내리고 있는 것처럼 생활 습관이나 소유물의 모든 근거가 한꺼번에 소멸해 버리고 있으며, 마치 사방에서 공격받는 것처럼 느낀다는 것이다.

자기 자신의 영토를 방어하라는 요청에 대한 감정 — 정신이 확 들어 갑자기 동참하게 됨 — 과 자연을 방어하라는 요청에 대한 감정 — 하품이 나고 지루함 — 은 전혀 다르다는 것을 눈치 챘는가?

만약 자연이 영토라면, '생태적 위기'나 '환경문제' 또는 '생물권biosphere'을 재발견하고 보존하거나 보호해야 한다고 말하는 것은 별 의미가 없어진다. 우리가 마주하고 있는 도전은 이런 문제들보다 훨씬 더 중요하고 실존적이며, 너무나도 직접적이어서 월등히 알아듣기 쉽다. 발밑의 양탄자를 거두면, 마룻바닥에 신경을 써야 한다는 것을 단번에 이해하게 되는 것처럼….

지금 우리 발밑에서 끌려 나가고 있는 것은 우리를 지탱해 주고 삶을 영위하게 하는 것이며, 토지와 재산의 문제이기도 하다. 그래서 이 불안감은 이전의 식민주의자나 식민 지배를 받았던 사람들 모두를 똑같이 괴롭힌다. 아니, 사실은 그렇지 않다. 이전의 식민주의자들을 더 속상하게 한다. 왜냐하면 그들은 식민 지배를 받았던 사람들보다 이런 상황에 익숙하지 않기 때문이다. 한 가지 확실한 것은 그들 모두 함께 공유할 공간과 거주할 땅이 부족한 상황에 직면하고 있다는 사실이다.

하지만 이 공황 상태는 어디서 오는 것일까? 정복 당시와 식민지 지배, 이어 개발 시대에 이르기까지 자기 땅을 빼앗긴 사람들이 모두 함께 가슴 깊이 느끼는 불의와 불평등의 감정에서 나온다. 외부에서 다가와 땅을 빼앗아 가는 그 권력을 당할 방법은 없다. 만약 이것이 글로벌화라면, 왜 저항이 유일한 수단이었는지, 왜 식민 지배를 받았던 이들의 자기 방어가 항상 옳았는지를, 거슬러 올라가 이해하게 된다.

이것이 우리가 보편적인 인간의 조건을 경험할 수 있는 새로운 방법이다. 이때의 보편성은 분명히 '못된 보편성wicked universality'이지만, 글로벌화가 약속한 이전의 보편성은 지평에서 사라지고 있기 때문에, 지금 우리에겐 유일하게 이용 가능한 것이다. 이 새로운 보편성은 지반이 무너지고 있다는 느낌의 공유로 [즉, 정치적 정동을 공유하여] 구성되어 있다.

이 새로운 보편성으로 서로를 이해하여 공간 점유를 둘러싼 미래의 전쟁을 막아 낼 수 있지 않을까? 아마도 어렵겠지만, 거주 가능한 땅이 어디에 있고 누구와 공유할 수 있을지를 공통으로 발견하는 것, 이것만이 유일한 탈출구이다.

한 가지 대안으로 미국적인 삶의 방식이라는 헛된 꿈을 연장하면서 마치 아무런 일도 일어나지 않은 척 행동하고 벽 뒤로 숨는 방법도 생각해 볼 수 있겠다. 그러나 우리가 익히 알듯이 이제 곧 90억에서 100억 명이 될 인류 모두가 그렇게 사는 것은 불가능하다.

이주, 불평등의 폭발적인 증가, 신기후체제, 이것들은 서로 다르지 않은 하나의 위험이다. 대다수의 동료 시민들은 지구에서 일어나고 있는 일들을 과소평가하며 부정하고 있는 동시에, 이주민들의 문제가 그들이 꿈꾸는 안보에 위협이 된다는 것도 완벽히 이해하고 있다.

소위 '포퓰리즘' 정당에 들쑤셔지고 시달렸던 시민들은 한동안 생태학적 변이를 그 분야에서의 문제로만 파악해 왔다. 하지만 기후 위기로 인해 자신들이 환영하지 않는 사람들이 국경을 넘어오자, "그들은 넘을 수 없는 국경선을 만들어 침입을 해결하자!"라는 식으로 대응했다.

그러나 이들은 아직 변화의 다른 차원은 완전히 파악하지 못했다. 신기후체제는 오랫동안 모든 국경을 휩쓸었고, 우리를 모든 풍랑에 노출시켰으며, 우리가 세울 수 있는 그 어떤 벽도 침입자들을 막지 못할 것이다.

만약 우리와 [피와 땅과 정신으로] 연계된 것들을 지키길 원한다면, 무엇이 이동하는지 파악해야 할 것이다. 말하자면, 기후, 침식, 공해, 자원 고갈, 서식지 파괴 등과 같이 국가로 한정지을 수 없고, 형체도 없는 이동이다. 두 다리로 걸어서 넘어오는 피난민에 맞서기 위해서는 국경을 봉쇄한다고 해도, 이처럼 다른 형태의 이동을 막을 수는 없다.

그렇다면 더 이상 아무도 안주할 수 없다는 말인가?

사실상 그렇다. 더 이상은 국가 주권과 불가침의 국경이 정치 영역의 기준이 될 수 없다.

하지만 그렇게 모든 것이 개방되면, 우리는 바깥에서 아무런 보호도 받지 못하고, 바람에 이리저리 뒤척이고, 다른 사람들과 뒤섞이고, 보장된 것 없이 모든 것을 위해 싸우고, 끝없이 이동하고, 모든 정체성을 잃고, 모든 안위를 잃으면서 살아야 한다는 말인가! 누가 그렇게 살 수 있겠는가?

아무도 그럴 수 없다는 건 진실이다. 새도, 세포도, 이주민도, 자본주의자도 그렇게 살 수 없다. 심지어 디오게네스가 통속에서 살 권리가 있었던 것처럼, 유목민은 텐트에 살 권리가, 난민은 망명할 권리가 있다.

넓게 열린 공간을 개척하고 위험을 감수하는 소명을 설파하는 사람들, 보호막을 벗어 던지고 모두를 위한다는 근대화의 무한한 지평을 가리키며 손짓하는 사람들에게 단 한 순간이라도 속지 말라. 그 선량한 사도들이 위험을 무릅쓰는 것은 자신들의 안위가 보장될 때뿐이다. 앞에 무엇이 펼쳐져 있는지에 대한 그들의 말을 듣기보다 그들 뒤에 무엇이 감추어져 있는지 보라. 갖가지 실존적 위험에서 그들의 안전을 보장할, 조심스럽게 접힌 황금 낙하산의 희미한 빛이 보일 것이다.

그 무엇보다도 가장 기본적인 권리는 예전의 보호 장치들이 사라지고 있는 바로 그 순간에 안전하게 보호받는다고 느끼는 것이다.

앞으로 전개될 역사에서 주목할 지점은 이런 것이다. 어떻게 하면 가장자리, 외피, 보호막을 다시 엮을 수 있을까? 어떻게 하면 세계화의 종말, 이주 범위, 기후변화에 직면한 국민

국가의 주권 한계 등을 함께 고려하면서 새로운 발판을 마련할 수 있을까?

무엇보다도, 국가나 민족 정체성 재확립 ― 언제나 새롭게 재발명해 왔듯이 ― 을 통해서만 생존할 수 있다고 생각하는 사람들을 어떻게 안심시킬 것인가? 또한, 머무를 곳을 찾아 헤매는 수백만 외국인과의 동반이라는 엄청난 도전 속에서 어떻게 하면 공생의 삶을 조직할 수 있을까?

길거리에서 떠돌이 삶을 살게 된 사람들을 안심시키고 피난처를 제공하는 것, 정체성 주장과 삼엄한 국경선을 보호 수단으로 활용하려는 그릇된 생각에서 벗어나게 하는 것, 이런 것이 정치적인 문제이다.

그런데 어떻게 그들을 안심시킬 수 있을까? 어떻게 하면 이주민들이 역사적 기원, 토착 인종, 안전한 국경, 갖가지 위험에 대한 보험 조치와 같이 정체성에 근거한 생각 없이도 보호받고 있다고 느끼게 할까?

그들을 안심시키기 위해서는 근대화의 시련으로 모순이 되어 버린 두 가지 상보적인 운동movement을 성공적으로 수행해야만 할 것이다. 이것은 어떤 땅에 기반을 두는 것과 글로벌 세계에 접근할 기회를 얻는 것을 말한다. 지금까지 실로 이런 작업은 불가능하다고 여겨졌다. 둘 중 하나만 선택해야 한다고 말이다. 이런 모순은 한때 명백해 보였지만, 현재의 역사 속에서 점점 무효화되고 있다.

4

글로벌화가 도대체 실제로 무엇을 파괴했다는 말인가? 글로벌화는 모든 악의 근원처럼 보이고, '민중'들이 엘리트들의 과욕에 눈을 뜨는 처절한 의식화consciousness-raising 과정을 통해 갑자기 일으키는 반란이 글로벌화에 대항하는 일 같다.

이제 우리가 쓰는 단어에 주의를 기울여 보자. '글로벌화'라는 단어는 글로벌화될 수 있는 것globbable이 상당수 존재한다는 의미를 포함할 뿐만 아니라, 글로브globe라는 말도 전제하고 있다. 마치 도나 해러웨이Donna Haraway의 '월딩worlding*'에 세계world가 있는 것처럼. 이런 용어들이 없었다면 무척 곤혹스러웠을 것이다.

사실상 지난 50년 동안 글로벌화라고 불린 것에는 시스템적으로 혼동된 두 개의 상반된 현상이 있었다.

로컬에서 글로벌로의 관점 전환은 관점 늘리기, 더욱 많은 변수를 사용하기, 더 많은 수의 사물, 문화, 현상, 생명체, 인간을 고려하기를 의미해야 한다.

하지만 오늘날 벌어지고 있는 글로벌화는 이런 수적 증가와는 정반대의 상황을 의미하는 것 같다. 오히려 전적으로 편

---

* 월딩worlding은 세계를 뜻하는 world에 동적인 의미를 부여하는 -ing를 붙인 합성어다. 인간과 비인간 세계 사이의 엄격한 구분을 넘어서 물질이 정동의 방법으로 영향을 줄 수 있음을 강조하기 위해 사용된다.

협하고, 소수의 개인에 의해 제안되어 극소수의 이익을 대변하며, 몇 개 안 되는 판단 방식과 표준 및 절차에 국한된 하나의 비전이 모든 사람에게 부과되어 모든 곳에 퍼져 가는 것을 의미하는 용어로 쓰인다. 그러므로 글로벌화를 받아들여야 할지 이에 저항해야 할지 혼란스러운 것은 당연한 일이다.

만일 이것이 관점을 다양화해서 편협하거나 폐쇄적인 모든 견해를 복잡하게 만들기 위한 것이라면, 이는 해볼 만한 싸움이다. 만약 세계의 존재와 향방, 상품 가치와 글로브Globe의 의미와 관련하여, 가능한 대안의 수를 줄이기 위함이라면, 전력을 다해 이러한 단순화에 저항해야 한다.

양쪽을 모두 고려했을 때, 글로벌화가 진행될수록 시야가 더 좁아지는 느낌이 드는 것 같다! 우리 모두 각자 차지하고 있는 작은 터에서 벗어날 준비가 되어 있지만, 그것이 단순히 저 멀리 있는 또 다른 작은 터의 좁은 시야에 갇히기 위해서는 당연히 아니다. 따라서 이제부터 글로벌화-플러스globalization-plus와 글로벌화-마이너스globalization-minus를 구분하려고 한다.

피할 수 없는 글로벌화에 대해 이렇게 정의하면, 여기에 반발하는 반동주의자reactionary가 등장하기 마련이다. 이것이 바로 어딘가에 착륙하는 문제를 복잡하게 만든다.

글로벌화-마이너스의 지지자들은 구식이고 퇴행적인 모습을 보이며, 자신의 작은 땅덩이만을 염려하고, 자기 집에 틀어박혀 모든 위험에서 자신만을 보호하려고 하는 사람들을 오랫동안 비난해 왔다! (아! 비행기의 마일리지를 쌓아 가며 어디든 안전하게 갈 수 있는 자들이 설파하는 넓게 펼쳐진 공간의 맛이란…)

바로 이처럼 뒤돌아보는 후진적인 사람들을 흔들기 위해, 글로벌화의 주동자들이 그들을 근대화의 커다란 지렛대 위에 태웠다. 지난 2세기 동안, 시간의 화살은 한쪽에는 근대주의자 또는 진보주의자 같이 앞을 향해 전진하는 사람들을, 다른 한쪽에는 뒤에 처져 있는 사람들을 배치했다.

"근대화!"라는 표어의 핵심은 바로 이것이다. 글로벌화에 대한 모든 저항은 순식간에 비합리적인 것으로 전락하리라는 것. 뒤에 처져 있는 사람과는 협상할 필요가 없다. 뒤돌아보지 않고 앞으로 나아가는 글로벌화의 행진 반대편에 보호처를 마련한 사람은 일찍이 자격을 잃은 것이다.[10] 그들은 패배했을 뿐만 아니라 비이성적이다. 슬프도다, 패배한 자들이여!

이런 식의 근대화 옹호는, 맞은편의 지역 선호, 토지 집착, 전통 유지, 지구에 관한 관심에 대한 일률적인 판단으로 이어진다. 이런 자세는 더 이상 합리적이지 않으며, 낡고 반계몽주의적인 입장에 대한 향수를 떨쳐 버리지 못하는 것으로 비난받게 된다.

글로벌화에 대한 요구는 애매모호해서 이를 따르게 되면 로컬과 결부된 것들에 대한 판단도 혼란스러워진다. 이 때문에 근대화가 시작된 이후 영토에 기반을 두는 것은 모두 후진성의 표시로 이해되었다.

글로벌화를 이해하고 글로브에서의 편차를 표명하는 데 완전히 서로 다른 두 가지 방법이 있듯이, 로컬에 기반을 두는 것을 정의하는 데도 마찬가지로 최소한 두 가지 비교 방법이 있다.

바로 여기에 글로벌화(플러스와 마이너스 모두)로 큰 이익을 얻은 엘리트들이 이해하지 못하는 것이 있다. 그들은 자신이 소속된 지역과 땅에서 전통과 정체성을 유지하며 살면서 보호받고, 안심하고 또 이를 확인하기를 원하는 사람들이 무엇 때문에 속상해하는지 이해하는 데 어려움을 겪는다. 엘리트들은 그들이 포퓰리즘에 휘둘렸다고 비난한다.

　　근대화를 받아들이지 않는 것은 두려움, 야망 결핍, 선천적인 게으름에서 기인한 반사작용일 수도 있다. 하지만 칼 폴라니Karl Polanyi가 잘 보았듯이, 사회가 공격에서 자신을 방어하는 것은 언제나 옳다.[11] 근대화의 거부는 자신의 지역을 월스트리트, 북경, 브뤼셀과 같이 협소하고 무엇보다도 완전히 떨어져 있는 곳, 따라서 로컬의 이해에는 너무도 무관심한 곳과 바꾸는 것에 담대하게 저항하는 것이다.

　　여전히 글로벌화에 열광하는 자들에게 땅, 장소, 토지, 공동체, 공간, 사회문화적 환경, 삶의 방식, 교역, 기술에 대한 사람들의 소속감을 보호하고 유지하며 확인하는 것이 정상적이고 정당하며 필수적이라는 것을 이해시킬 수 있을까? 그것이야말로 더 큰 차이점과 더 많은 견해를 받아들이고, 무엇보다도 그 다양성을 보전하기 위해서라는 점을 말이다.

　　그렇다. 글로벌화에 대한 '반동주의자'들의 생각은 틀렸지만, 반동주의자들이 왜 관습과 습관을 붙들고 있는지에 대한 '진보주의자'들의 생각도 분명히 틀렸다.

　　따라서 글로벌화-마이너스와 글로벌화-플러스를 구분했던 것처럼, 로컬-마이너스local-minus와 로컬-플러스local-plus

를 구분해 보자. 결국, 핵심은 글로벌화에 대한 찬반, 또는 로컬에 대한 자신의 찬반 여부를 아는 것이 아니다. 가장 중요한 것은 세상에 존재하는 대안적인 방법들을 가능한 한 많이 받아들이고 유지하며 소중히 여기는 것이다.

이것은 사소하며 인위적 구분에 불과하기에, 차라리 피와 땅Blut und Boden*의 오래된 이념을 드러내지 않는 편이 더 나을 거라고 말하겠다.

이런 반대는 위대한 근대화 프로젝트를 위험에 처하게 했던 거대한 사건을 잊어버리는 것이다. 이 프로젝트가 불가능하게 된다면, 그 이유는 근대화의 이상인 진보, 해방, 발전을 모두 수용할 만한 지구가 더 이상 존재하지 않기 때문이다.[12] 결과적으로, **모든 형태의 소속감** — 글로브, 세상, 지역, 특정 구역, 세계 시장, 토지, 전통 등에 대한 소속감 — 은 탈바꿈의 과정을 겪게 된다.

우리는 문자 그대로 차원, 스케일, 거주의 문제를 직면해야 한다. 행성은 글로벌화의 글로브를 위해선 너무나도 협소하고 제한적이면서, 동시에 어느 로컬의 협소하고 제한적인 경계선 안에 담아 두기에는 너무나 크고, 한없이 광활하며, 활동적이고 복잡하다. 우리는 너무 큰 것과 좁은 것에 두 번이나 완전히 압도당한다.

---

* '피와 땅'은 나치 독일이 인종과 영토로 정의된 국가의 정체성을 강조하기 위해 구호로 사용한 용어다. 나치당의 상징인 갈고리 십자가가 있는 깃발의 붉은색과 검은색은 피와 땅을 나타낸다.

그래서 "어떻게 거주 가능한 땅을 찾을 수 있는가?"라는 질문에 아무도 답을 못하고 있다. 글로벌화(플러스와 마이너스 포함)의 지지자와 로컬(플러스와 마이너스 포함)의 지지자 모두가 말이다. 우리는 어디로 가야 할지, 어떻게 살아야 할지, 또는 누구와 함께 살아야 할지 모른다. 장소를 찾기 위해 무엇을 해야 할까? 어디로 방향을 틀어야 할까?

5

글로벌화의 이상이 그토록 빨리 변색했다면, 어떤 일이, 정말 특별한 사건이 일어났음이 틀림없다. 이전의 가설에 정치적 픽션으로 살을 붙이면 상황을 좀 더 정확하게 이해할 수 있을 것이다.

그럼 1980년대부터 활동가, 과학자, 예술가, 경제학자, 지식인, 정치가 등 수많은 사람이 지구와 인간 사이의 이전의 안정적 관계가 점점 위험해지고 있음을 파악했다고 가정해 보자.[13] 어려움에도 불구하고, 각 분야의 최전선에서 개척자로 일하던 이들은 안정된 관계를 지속할 수 없으며 지구 역시 저항하고 말 것이라는 증거를 축적할 수 있었다.

이전에 사람들은 모두 한계의 문제가 불가피하게 불거지리라는 것을 아주 명확히 보았다. 그런데 근대인들은 이상하게도 거리낌 없이 만용을 부리며 이 문제를 무시해 왔다.[14] 사람들은 파멸을 경고한 예언자 말을 듣지 않고 나아가 땅을 빼앗고 이용하고 남용했는데, 땅이 어느 정도 평정을 유지했기 때문이었다!

하지만 사유 재산, 획득한 토지, 착취된 영토의 지면 아래에, 또 다른 땅, 또 다른 흙, 또 다른 토양이 흔들리고 떨리고 움직이기 시작했다는 것을 우리는 서서히 발견한다. 말하자면 개척자들은 일종의 지진 같은 것에 대해 언급했다. "잘 살펴봐! 전과 같지는 않을 거야. 지구의 귀환과 함께 지금까지 길

들여져 있던 힘이 분출하는 데 대한 대가를 톡톡히 치러야 할 거야."

바로 여기가 정치적 허구로 가설을 도입할 수 있는 지점이다. 다른 형태의 엘리트 집단이 있다고 가정해 보자. 그들은 조금 덜 계몽되었을지 모르지만, 영향력을 발휘할 수단을 지니고 있고, 중요한 이해관계 속에 있으며, 무엇보다도 자신의 막대한 재산과 안녕을 지키는 데 엄청난 신경을 쓰는 사람들이다. 그들 모두가 [지구의 귀환에서 오는] 위협적인 경고를 들었다고 생각해 보자.

이어서 다음과 같이 추정해야 한다. 이 엘리트들은 경고가 맞는다는 것을 완벽히 잘 이해했지만, 수년간 점점 더 반론의 여지가 없이 공고해진 증거를 가지고도, 그들 스스로 지구가 등을 돌릴 때의 대가를 아주 비싸게 치러야 할 거라는 결론을 내리지 않았다고. 그들은 경고를 인지할 만큼은 깨어 있었으나, 그 결과를 대중과 공유할 만큼 깨어있던 것은 아니었다고.

그 반대로, 그들이 경고에서 두 가지 결론을 도출했고, 그 결과 트위터 제독twitter-in-Chief이 백악관에 입성하게 되었다고 가정해 보자. 첫째로, 이 격변에 비싼 대가를 치러야 할 것이라는 말은 맞지만, 파괴된 것에 대해서는 분명 우리가 아닌 다른 사람들이 대가를 치를 것이다. 둘째로, 신기후체제에 대해 더 이상 논의할 필요가 없는 진실과 관련해서, 우리는 그 존재 자체를 부정할 것이다!

이 두 개의 결정으로 다음의 세 가지 현상을 연결해 볼 수 있다. 1980년대 이후 나타난 탈규제 또는 복지국가의 해체.

2000년대 이후의 기후변화 부정.[15] 무엇보다도, 지난 40년 동안 급격히 늘어난 불평등이다.[16]

만약 가정이 맞는다면, 이것들은 모두 단일한 현상의 부분들이다. 엘리트들은 모든 사람을 위한 미래의 삶은 존재하지 않는다고 강하게 확신해서 가능한 한 빨리 연대의 부담을 모두 없애기로 했다. 탈규제가 여기서 나온다. 그들은 격변에서 생존할 (적은 수의) 사람들을 위해 으리으리한 요새가 건설되어야 한다고 결정했다. 따라서 불평등이 폭증했다.[17] 그리고 함께 사는 세상에서 빠져나오려는 터무니없는 이기심을 감출 목적으로, 그들은 황급한 탈출의 기원이 되는 위협 그 자체를 거부해야만 했다. 이로 인해 기후변화가 부정됐다.

약간 진부할 수 있지만 타이태닉호의 은유를 써보자면, 당시 일등칸에 탄 사람들은 난파가 확실하다는 것을 알고 있었다. 그들은 자신들을 위한 구명보트를 마련하고 악단에 자장가를 계속 연주하도록 하면서, 선박 안의 다른 계층 사람들이 위험을 알아차리기 전에 어둠을 틈타 빠져나왔다![18] 은유가 아닌 생생한 실화도 있다. 1990년대 초반, 엑손모빌Exxon-Mobil은 기후변화의 위험에 대한 훌륭한 과학적 연구를 출판했다. 그렇기 때문에 회사가 어떤 일을 하는지 잘 알고 있는 와중에도, 대규모 석유 추출 투자를 결정했고, 이와 동시에 위협이 존재하지 않음을 선포하는 강력한 캠페인을 벌이기로 했다.[19]

이제부터 모호주의obscurantist 엘리트라고 부를 이 사람들은 자신이 편안히 살아남기 위해서는 꿈에서라도 지구를 세상의 다른 사람들과 공유하는 척해서는 안 된다는 것을 이해했다.

이 가설은 어떻게 글로벌화-플러스가 글로벌화-마이너스로 되어 버렸는지 설명해 줄 수 있을 것이다. 1990년대까지 사람들은 (이득을 본 사람의 경우) 근대화의 지평을 진보, 해방, 부, 안위, 심지어 사치, 더 나아가 합리성의 관념과 연관시킬 수 있었는데, 탈규제에 대한 분노, 불평등의 폭증, 연대의 실종으로 말미암아, 그 지평은 소수의 이윤만을 위해 아무 맥락 없이 임의로 내려진 결정과 점차 연결되어 버렸다. 세계에서 가장 좋았던 것이 최악이 되어 버린 것이다.

이제 하층 칸에 탄 사람들은 완전히 깨어나 배 난간에 서서 점점 더 멀어져 가는 구명보트를 바라본다. 악단은 계속해서 찬송가 「내 주를 가까이 하게 함」을 연주하고 있지만, 음악은 분노의 외침을 가라앉히기에 충분하지 않다.

바로 그 분노의 마음으로 우리는 말해야 한다. 이런 배신 앞에서 분출된 저항과 몰이해를 이해하기 원한다면 말이다.

1980년대나 1990년대쯤부터 엘리트들은 파티가 끝났으니 출입 제한이 있는 빗장 공동체gated community[20]를 더 많이 지어, 일반 대중들 특히 자기 집에서 이미 쫓겨나 행성 여기저기를 떠돌아다니는 유색 인종들과 공간을 공유하지 않는 것이 좋겠다고 느꼈을 것이다. 뒤에 처진 사람들 역시 글로벌화의 시효가 다해 가기에 자신들에게도 빗장 공동체가 필요하다는 사실을 곧 깨달았을 것이다.

한쪽의 반응은 다른 쪽의 반응으로 이어졌는데, 양쪽 모두 서로에게서 받던 것보다 훨씬 더 과격한 반응을 지구로부터 받고 있다. 지구가 묵묵히 매 맞기를 멈추고 커진 힘으로 거칠게 반격해 오고 있기 때문이다.

　이렇게 겹쳐서 이해하는 것이 비합리적으로 보일 수도 있다. 하지만 우리가 하나의 연쇄 반응을 다루고 있고, 그 기원을 우리가 해온 일에 대한 지구의 반응에서 찾아야 한다는 점을 염두에 둔다면, 그렇게 이해하는 것이 적절하다. 바로 우리, 서구의 우리, 좀 더 정확히는 유럽의 우리가 연쇄 반응을 시작한 장본인이다. 방법은 하나뿐이다. 우리가 일으킨 결과를 감당하며 사는 법을 배워야 한다.

　글로벌화가 지구에 미친 영향에 대항하는 지구의 강력한 반격이 불평등의 폭증, 포퓰리즘의 물결, 이주 위기와 같은 (효과적이지는 않아도 충분히 그럴 법한) 세 갈래의 반응들임을 깨닫지 못한다면, 우리는 아무것도 이해하지 못하고 있는 것이다.

　이런 위협에 직면한 상황에서, 앞서 상정한 정치적 픽션에 따르면, 위협에 맞서지 말고 도망치라는 결정이 내려진다. 어떤 이들은 1%에 해당하는 부유층만의 금빛 피난처로 미끄러지듯 들어가며, "초갑부super-rich들은 누구보다도 보호받아야 한다"라고 말한다. 다른 이들은 국경에 매달리면서, "우리를 불쌍히 여겨, 최소한 안정된 정체성을 보장받을 수 있게 해주시길"이라고 외친다. 그리고 가장 비참한 사람들은 망명의 길을 떠난다.

　이 마지막 분석에 나온 사람들은 모두 글로벌화-마이너스의 낙오자들로 볼 수 있는데, 이렇듯 글로벌화-마이너스의 인력power of attraction은 약해지고 있다.

6

이 이야기를 계속 이어 나가면, 모호주의 엘리트들은 위협을 심각하게 받아들였고, 그들의 지배적 위치가 위협받자 '인류의 행성 공유'라는 이데올로기를 해체하기로 했다. 그들은 이러한 포기 결정이 어떠한 상황에서도 세상에 공개되어서는 안 된다는 것을 알고 있었으며, 결과적으로 이런 움직임의 기저에 있는 과학적 지식을 극비에 부치고 흔적도 없이 지워야 함을 이해하고 있었다. 이 모든 것은 지난 30~40년 사이에 벌어졌다.

이 가설은 설득력이 없어 보인다. 무엇을 부정한다는 생각은 지나치게 정신분석적 해석이거나 음모론처럼 보이기 때문이다.[21] 하지만 이를 기록하는 것이 불가능하지는 않을 것이다. 사람들이 누군가가 자신들로부터 무언가 숨기려는 것을 바로 의심하고, 여기에 대응할 채비를 갖추고 있다는, 합리적 추측을 우리가 할 수 있다면 말이다.

아주 노골적인 증거가 없다 하더라도, 그 영향력은 상당히 크다. 그 결과들 중 지금 이 순간 우리를 가장 자극하는 것으로는 도널드 트럼프 대통령 선출 이후 공식 석상을 차지한 인식론적 망상을 들 수 있다.

'부정'은 편안한 상태가 아니다. 이런 식의 부정은 냉정하게 거짓말하는 것이며, 심지어 거짓말은 잊지 않으면서도, 거짓말했다는 사실은 잊어버리는 것이다. 이는 사람의 진을 빼는 일이다. 그렇다면 이런 배배 꼬인 상태가 그 그물에 걸린 사람들을 어떻게 만드는지 궁금해진다. 정답은, 그들을 미치게 만든다.

공공 부문의 논자들이 갑자기 발견한 것처럼 말하는 이 '사람들people'에 대해 먼저 이야기해 보자. 언론인들은 대중 populus들이 모든 형태의 합리성을 잊어버릴 정도로 '대안적 사실alternative facts'에 끌렸다는 점에 주의를 기울였다.*

논자들은 이 순진한 사람들good folks에게서 보이는 좁은 시야, 두려움, 엘리트들에 대한 뿌리 깊은 의심, 진실에 대한 한탄스러운 무관심, 특히 정체성과 전통 문화, 아케이즘[오래된 것들의 숭상]과 국경에 보이는 열정적인 태도, 여기에 더해 비난받을 정도로 사실에 무관심함에 문제를 제기하기 시작했다.

이런 연유로 '대안적 현실alternative reality'이라는 표현이 성황이다.

그러나 이것은 중요한 사실을 잊고 말하는 것이다. 바로 이 사람들이 행성의 근대화를 모두 함께, 실제로 추구하자는 생각을 포기한 이들에 의해 냉혹하게 배신당했다는 사실을 말이다. 모두를 위한 성장의 꿈을 품을 만큼 큰 행성은 존재하지 않

---

* 여기서 라투르는 인식론적 망상의 예로 '대안적 사실'과 '대안적 현실'과 같은 표현을 들고 있다. 2017년 1월 트럼프 대통령이 자신의 취임식 때 모인 군중을 두고 오바마 대통령의 취임식 군중보다 많다고 주장했다. 여러 신문에서 사진을 비교하며 사실이 아님을 보여 주었음에도, 트럼프의 측근이 '대안적 사실'이란 용어를 꺼내며 트럼프의 주장을 정당화하려고 했던 에피소드가 있다.

기에, 배신을 저지른 이들은 그 누구보다도 먼저 이런 근대화가 불가능하다는 것을 알고 있었다.

그러므로 그 사람들이 더 이상 아무것도 믿지 않는다고 비난하기 전에, 그 엄청난 배신이 사람들의 신뢰 수준에 미친 영향을 가늠해 봐야 한다. 신뢰는 길가에 버려졌다.

이미 '입증된' 지식도 그 자체로 자명할 수 없음을 우리 모두 잘 알고 있다. 보편적인 문화, 믿을 만한 기관, 그럭저럭 잘 돌아가는 공적 공간에서의 생활, 어느 정도 신뢰할 만한 미디어에 의해 지원받을 때만, 사실들은 견고하게 살아남는다.[22]

이 사람들에게는 지난 몇 세기 동안 진행된 근대화의 온갖 노력이 붕괴 위험에 처했으며, 그들 자신의 지도자들이 모든 연대 의식을 던져 버렸다는 것이 (의심되긴 하였지만) 공식적으로 발표된 적이 없다. 그런데도 이들은 루이 파스퇴르나 마리 퀴리가 과학적 사실에 대해 가졌던 확신을 지니라는 요구를 받고 있다.

한편 이 비범한 배신을 진두지휘하고 있는 사람들 역시 인식론적 재난에 강타당하고 있다.

이를 확인하려면, 트럼프 취임 후 백악관에서 매일같이 일어나고 있는 혼돈을 지켜보는 것만으로도 충분하다. 다른 모든 사람과 전면전을 벌이고 있음을 인정하지 않고, 거대한 위협을 부정하고 그 자체를 인정하지 않은 채 다른 모든 이들과 전면전을 벌여야만 하는 상황에서, 어떻게 확립된 사실을 존중할 수 있겠는가? 그것은 속담에나 나오는 방 안의 코끼리 elephant in the room나 외젠 이오네스코Eugen Ionesco의 희곡에 나오는 코뿔소와 함께 사는 것처럼 더없이 불편하다.* 이 큰 동물들은 코를 골고 낄낄거리며 으르렁거리고 짓누르며 정신을 사납게 한다. 백악관의 대통령 집무실은 진짜 동물원이 됐다.

이로써 부정否定은 이에 속아 넘어간 것으로 생각되는 사람들만 아니라 이를 행하는 사람들에게도 독毒이 된다. (나중에 트럼프주의Trumpism의 독특한 사기 형태를 살펴볼 것이다.)

둘 사이에 한 가지 결정적인 차이가 있다면 초갑부들은 — 여기에서 트럼프의 재력은 중간 정도에 불과하다 — 그들의 탈출 비행flight의 도덕적 문제에 기후변화를 강박적으로 부정하는 속죄 불능의 범죄를 추가했다는 점이다. 이러한 부정 때문에, 일반 사람들은 행성의 근대화 프로젝트가 이미 끝나 체제 변화가 불가피함을 알려주는 이 하나 없이 허위 정보의 안개 속에서 헤매게 되었다.

보통 사람들은 이미 오래전부터 회의적인 태도를 보였다. 이제, 허위 정보에 수십억 달러의 돈이 투입된 덕에, 그들은 기후의 변이라는 엄청난 사실에 대해서도 회의적인 태도를 보이도록 선동되었다.[23] 이 사실을 제때 다룰 희망이 보였더라면, 그들은 일찌감치 연대 의식을 강화해서 정치인들에게 더 늦

---

* '방 안의 코끼리'라는 표현은 코끼리처럼 큰 덩치의 문제를 누구나 인지하고는 있으나 덮어 두고 언급하기를 꺼리는 부정적인 상황을 가리키는 속담이다. 이오네스코의 희곡 「코뿔소」는 사람들이 시간이 지나면서 모두 코뿔소로 변한다는 설정의 이야기로, 나치즘의 전체주의를 풍자한 것이다. 여기서 라투르는 속담과 희곡에 있는 의미보다는 백악관이라는 공간이 여러 동물이 사는 혼돈 속의 동물원으로 변했다고 꼬집기 위해 활용했다.

기 전에 행동을 취하라고 압력을 가했을 것이 틀림없다. 대중들이 비상구를 발견할 수 있었던 시점에는 기후 회의론자들이 그들의 길을 막으며 접근하지 못하게 했다. 이러한 방해는 심판의 날이 온다면 기소되어야 하는 범죄다.[24]

대중은 기후변화 부정론이 현재의 모든 정치적 이슈와 사건에 관여한다는 점을 충분히 깨닫지 못하고 있다.[25] 언론인들은 탈진실post-truth 정치를 말하지만 이를 매우 가볍게 다룬다. 어떤 이들은 자신을 두려움에 떨게 했던 (당연히!) 진실과의 연결고리를 포기하면서도 왜 정치에 참여하기로 하는가? 언론인들도 그 이유를 묻지 않는다.

마찬가지로 일반인들은 왜 더 이상 아무것도 믿지 않기로 했는지 (이 경우도 당연히!) 그 이유를 파고들지 않는다. 지도자들이 그들로 하여금 꿀꺽 받아들이게 주입시켰던 것들을 고려해 보면, 일반 사람들이 모든 것을 의심하고 더 이상 듣지 않으려고 하는 행태는 충분히 이해할 수 있는 일이다.

언론에서의 대응 방식을 볼 때, 걱정스럽게도 자신이 '합리적'이라고 자처하는 사람들의 상황도 더 나을 것이 없다. 그들은 '트위터-제독'인 트럼프가 사실에 무관심한 것에 분개하거나, 무지한 대중의 어리석음을 꾸짖는다. 여전히 이 합리적인 사람들은 공유된 세계와 제도, 공적 생활 없이도 사실은 그 자체로 정립될 수 있다고 믿고 있으며, 무지한 사람들을 칠판과 교과서 수업에 기반한 구식의 교실로 다시 보내, 마침내 이성이 승리할 수 있다면 충분하다고 생각한다.

이 합리적인 사람들도 다른 이들과 마찬가지로 얽혀 있는 허위 정보에서 벗어나 있지 못하다. 그들 자신이 기후 변이가 일어나고 있는 대안적 세계에 살고 있을 때 반대자들은 이와는 관계없는 세계에 사는 상황에서, 일반 사람들이 대안적 사실을 믿는 것에 화를 내봐야 소용없다는 점을 보지 못한다.

　이는 인지 결핍을 고치는 법을 배워서 해결할 문제가 아니다. 같은 세상에서 살고, 같은 문화를 공유하며, 같은 이해관계를 직시하고, 함께 즐길 풍경을 느끼는 법을 배워야 한다. 우리는 위와 같은 합리적 생각에서 인식론의 악습, 즉 공유된 경험의 결핍에 불과한 것을 지적 결핍의 탓으로 돌리는 나쁜 습성을 발견한다.

7

만일 현 상황을 풀 실마리를 인지 능력의 부족에서 찾을 수 없다면, 그 능력이 적용되는 세계의 형태에서 찾아봐야 할 것이다. 문제는 바로 여기에 있다. 지금, 다수의 세계와 영토가 있고, 이들이 양립할 수 없다는 점이다.

단순화해서, 지금까지 근대화 프로젝트에 동참하기로 했던 사람들은, 그들이 어디에 위치해 있는지를 로컬에서 글로벌로 향하는 벡터vector의 선상에서 찾을 수 있다고 가정해 보자.

이 선상에서는 모든 것이 [대문자 G의] 글로브를 향해 움직인다. 이것은 과학, 경제, 도덕의 지평을 동시에 그려내는 글로벌화–플러스의 글로브이며, 공간(지도에 재현되는)과 시간(미래를 향한 시간의 화살로 표현되는)을 함께 나타내는 표지이다. 글로브는 부와 자유와 지식, 그리고 안락한 삶의 영위와 거의 같은 뜻으로 쓰였기에 수 세대를 거쳐 열정적인 관심을 불러일으켰고, '인류' 역시 이런 글로브 개념에 기대어 정의되기도 했다.

그 지평 너머, 드디어 펼쳐진 바다! 마침내, 집의 테두리에서 탈출! 와, 무한한 우주! 이런 매력에 빠지지 않을 사람은 극소수였다. 이 과정에서 짓밟힌 사람들이 경험한 공포에 놀라기 전에, 일단 이를 통해 이득을 본 사람들의 열정을 가늠해 보자.

근대화를 위해 버려져야 했던 것은 로컬Local이었다. 이 용어는 원시 주거지, 조상 대대로 물려받은 토지, 토착민들이 유래한 땅 등과 혼동을 피하고자 대문자로 표시한다. 근대화가 기존의 연결고리들을 모두 없앤 후 재구성한 이 영토에는 원주민적인 것도, 토착적인 것도, 원시적인 것도 없다. 로컬은 비교의 대상으로 존재한다. 반-글로벌anti-Global을 의미한다.

이렇게 두 개의 극極이 존재함을 확인하고 나서, 근대화 개척의 최전선을 추적할 수 있다. 이것은 근대화의 지상명령至上命令에 따라 그어진 선, 모든 것을 희생할 준비를 명령하는 선이다. "앞으로 치고 나가고" 통상적인 발전의 행진에 참여하여 마침내 세계로부터 이득을 얻으려면, 본토를 떠나고 전통을 버리며 습관과 단절할 마음가짐을 단단히 하라는 것이다.

물론, 사람들은 진보의 이상을 향해 나아갈 것인지 기존의 확실한 것을 바라보고 뒷걸음칠 것인지, 두 개의 모순된 명령 사이에서 망설였다. 이렇게 주저한 채로 심적 줄다리기를 했지만, 궁극적으로는 아주 잘 적응하게 되었다. 파리 시민이 센강에서 자신의 위치를 [강변을 바라보는 방향에 따라] 짝수와 홀수가 순차적으로 나오는 거리 번호를 보고 알아내듯이, 역사의 흐름 속에서 자신의 위치를 확인하는 방법을 체득했다.

반대자들도 물론 있었으나, 그들은 근대화 전선의 반대편에 위치했다. 그들은 (신-)토착민, 구태의연한 사람, 패배자, 식민 지배를 받는 자, 하층민, 쫓겨난 사람들이었다. 이를 시금석 삼아, 논쟁의 여지없이 이들을 반동주의자, 아니면 적어도 반근대주의자, 잔재, 거부자로 몰아세울 수 있었다. 그들은 분명히 항의할 수 있었으나, 그들의 넋두리는 그들에 대한 비판만을 정당화시켜줄 뿐이었다.

아마도 누군가에게는 잔혹했겠지만, 세상은 마침내 방향을 잡았다. 시간의 화살은 어디론가 가고 있었다.

이런 식으로 위치를 선정하는 것은 손쉬웠는데, 이것이 좌파/우파를 구분하는 데 투영된 (현재는 의문시되고 있지만) 벡터였기 때문이다.

이 투영 방식이 그리 단순한 것은 아니었다, 논란거리에 따라 좌파와 우파는 종종 다른 방향으로 움직였기 때문이다.

예컨대 경제 문제에 관해선, 더욱 글로벌 쪽으로 가길 바란 우파가 있었고, 시장 원리에 맞서(이념적인 의미로서의 시장) 한계를 설정하고 속도를 줄여 약자를 보호하는 것을 선호한 좌파(와 일부 소심한 우파)도 있었다.

반면, 도덕적 해방, 특히 성적 문제와 관련해서는 더욱 글로벌 쪽으로 움직이길 원했던 좌파가 항상 있었고, '미끄러운 비탈길*'의 상황에 말려들기를 단호하게 거부하던 우파(또한 좌파)도 있었다.

이처럼 누구를 '진보progressive' 또는 '반동reactionary'으로 규정하는 일은 간단하지 않다. 그렇지만, '시장 원리'와 '도덕적 해방'을 동시에 반대하는 진짜 '반동'을 발견할 수 있으며, 자본의 힘을 풀어주고 도덕적 기준을 더 다양하게 하여 글로벌로의 행진에 박차를 가했던 좌우 합작 형태의 진짜 '진보'도

---

*   slippery slope, 사소한 일탈을 허용하기 시작하면 내리막길을 내려가는 것처럼 정도가 심한 일탈들도 걷잡을 수 없게 되어, 심각한 문제가 발생하게 된다는 주장.

존재한다.

이런 미묘한 차이에도 불구하고, 사람들은 결국 공통의 논의 기반을 갖게 되는데, 이는 여전히 여러 입장을 모두 같은 벡터상에 위치시켰기 때문이다. 마치 온도계의 눈금을 따라 환자의 체온을 읽는 것처럼 말이다.

역사의 방향이 주어진 것이라면, 거기에는 장애물, '퇴행', '급속 진행' 혹은 '혁명'이나 '복고'만이 있고, 일반적인 배열 순서에 있어서는 급진적인 변화가 있을 수 없다. 논쟁의 주제에 따라 위치의 중요성은 바뀔 수 있으나, 유인attraction의 두 극인 글로벌과 로컬, 이 두 개의 극 사이에 하나의 선이 있을 뿐이

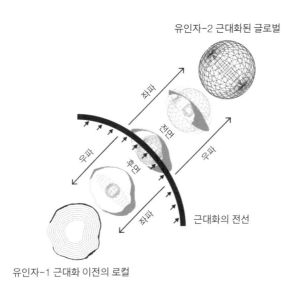

유인자-2 근대화된 글로벌

좌파

전면

우파

후면

우파

근대화의 전선

좌파

유인자-1 근대화 이전의 로컬

그림1 근대인의 방향성에 대한 기본 도식

다. (이것은 물론 편의를 위해 만든 추상인 관념이다.)

문제가 복잡해질 수 있기에 도식적으로 설명하면 편리할 것이다. 기본 도식 **그림1**에서 근대화 이전의 로컬Local-to-be-modernized과 근대화된 글로벌Global-of-modernization을 두 개의 유인극poles of attraction인 유인자-1과 유인자-2로 표시한다. 그 사이에 근대화의 전선modernization front을 두면, 전면에 있는 것과 후면에 있는 것을 명확히 구분할 수 있고, 이 벡터의 선상에 여러 가지 방법으로 우파와 좌파의 입장을 단순화된 형태이긴 하지만 투영해 볼 수 있다.

이렇게 글로벌과 로컬을 짝지으면, 글로벌과 로컬의 의미를 나타내는 다른 방식들을 배제하는 결과를 가져옴은 자명하다. 인류학 연구를 통해 다른 방식이 존재함이 밝혀졌는데 근대인들에게는 여전히 생소하기에, 적어도 지금 논의를 위해서는 도식에 포함하지 않는다. 근대이기 위해선, 그 의미상, 로컬과 글로벌 사이 또는 오래된 과거와 미래 (당연히 비-근대인들non-moderns과는 무관한 미래) 사이에 존재하는 충돌이 있을 때 매 순간 상대방과의 입장 비교를 통해 위치를 확인하는 작업을 하게 된다.[26]

(보충 설명을 하자면, 화성으로 이주하거나, 컴퓨터에 자신을 전송하거나, DNA, 인지과학, 로봇을 결합하여 진정한 포스트휴먼post human이 되고자 하는 사람들에게 적용해 보기 위해 유인자-2의 작업을 무한히 확대해 볼 수 있다.[27] 하지만 이런 극단적인 형태의 '신-과잉-근대주의neo-hyper-modernism'는 옛 벡터를 어지러울 정도로 가속할 뿐이어서 지금 논의에서는 중요하지 않다.)

53

만일 글로벌화-플러스가 글로벌화-마이너스로 된다면 이 좌표계에 어떤 일이 벌어질까? 만약 그 자체의 자명함의 인력으로 전 세계를 자기 쪽으로 끌어왔던 유인극이 밀어내는 정반대의 힘으로 작동하기 시작해, 여기서 이득을 볼 극소수를 제외한 모두를 혼란의 상태에 빠뜨린다면? 필연적으로 로컬도 반작용으로 끌어당기기 시작할 것이다.

하지만 이제 더 이상 같은 로컬이 아니다. 글로벌화-마이너스를 향한 질주에 상응하는 로컬-마이너스로의 질주가 있다면, 여기에서의 로컬은 국가나 종족의 경계 안에 전통, 보호, 정체성, 확실성 등을 약속하는 것이다.

여기에 드라마가 있다. 변형된 로컬은 글로벌화-마이너스보다 더 매력적이거나 살만한 곳으로 보이지 않는다. 그것은 소급해서 만든 것, 쓸모없는 영토, 말하자면, 근대화의 물결 뒤에 남아 있는 잔해물이다. 카친스키의 폴란드, 국민전선의 프랑스, 북부 동맹의 이탈리아, 브렉시트로 쪼그라든 영국, 트럼프의 기만적인 구호에 등장하는 다시-위대한 미국보다 더 비현실적인 것이 있을까?

그런데도 이 두 번째 극은 첫 번째 것만큼 강력하게 끌어당기며, 특히 상황이 나빠져 글로브의 이상이 점점 멀게 느껴질 때 그러하다.

두 개의 유인극은 마침내 멀리 떨어져, 예전처럼 둘 사이에서 망설이는 사치를 누릴 수 없게 되었다. 이로써 정치적 논의는 거칠고 잔혹해진다.

근대화의 전선이 일말의 신뢰성을 가지기 위해선, 다시

말해 그것이 지속적으로 역사의 방향을 만들어 가기 위해서는, 행위자*들이 모두 같은 곳에 살거나 서로 다른 방향으로 끌고 갈지라도 적어도 공동의 지평선 같은 것이 있어야 했다.

이제 글로벌화를 지지했던 사람들도 과거로의 회기를 주장하는 사람들과 마찬가지로 현실주의가 부재한 상황에서 경쟁하듯 최대한 빨리 도망치기 시작했다. 거품 대 거품, 빗장 커

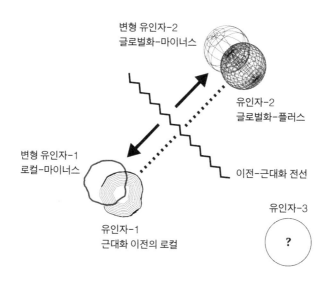

그림2 세 번째 유인자의 출현으로 깨져 버린 근대인의 관례적인 좌표계

---

* actor를 옮긴 것이다. 직접적인 행위를 하는 주체로서의 행위자를 뜻한다. 행위성agency을 가진 자를 의미하는 agent도 행위자로 번역할 때가 있다. 다만 이 경우, 문맥상 행위의 결과가 간접적이고 매개하는 방식으로 나타남을 의미할 때는 매개자 또는 대리인으로 번역했다.

뮤니티 대 빗장 커뮤니티의 대립 구도이다.

그래서 이젠 긴장 대신 떡 벌어진 간격만이 있다. 전선 대신, 전 행성의 근대화를 두고 싸운 찬반 간 오랜 전투의 상흔만이 남았다. 누가 진보이고 누가 반동인지를 결정할 공유된 지평선조차 없다.[28]

사람들이 느낀 상황은 이렇다. 글로벌행 비행기에 탑승했는데, 착륙할 공항이 없어서 선회해야만 한다는 기장의 방송을 들었고, 잠시 후 공포에 떠는 목소리로, ("승객 여러분, 기장이 다시 한번 말씀드립니다") 로컬의 비상 활주로도 접근 불가능이란 말을 듣게 된다. 승객들은 당연히 비행기의 창문 쪽으로 모여 도대체 어디에 비상 착륙을 시도할 수 있을지 보려 하고, 마치 클린트 이스트우드의 영화 「설리: 허드슨 강의 기적」에 나오는 사람들처럼 설리 기장의 반사 능력에 일말의 희망을 걸어 본다.[29]

실제로 어떤 일이 일어났는가? 시간의 화살을 뒤튼 어떤 것이 있었음에 틀림없다. 앞서 언급한 근대인의 프로젝트를 처음엔 걱정해서 방해하더니 마침내 해체해 버린 힘, 오래전부터 있었으나 예상하지는 못했던 힘을 말한다. 이로써 근대 세계라는 표현이 마치 형용모순처럼 되었다. 근대적이지만 발 아래 아무 세계도 없는 상황, 또는 세계가 실로 존재하지만 근대화될 수는 없는 상황인 것이다. 우리는 이미 분명한 역사적 분기점에 도달했다.

별안간 각지에서 세 번째 유인극이 동시에 등장해서 갈등 요소 모두를 밀어젖히고 쏟아내며 흡수해 버려 기존의 비행항

로를 따른 방향 설정을 불가능하게 만들었다.

바로 이 역사의 분기점에 서 있는 우리 자신의 모습을 보게 된다. 오래된 것에서 새로운 것으로, 로컬에서 글로벌로 나아가는 선상에서 자신의 위치를 발견하기에는 너무 혼란스럽고, 이 세 번째 유인자의 이름을 짓고 위치를 지정하거나 단순히 묘사하는 것 역시 힘들다.

하지만 정치적 방향성 모두 이런 옆걸음에 좌우된다. 누가 협조자이고 누가 배신자인지, 누가 친구이고 적인지, 누구와 동맹을 맺고 누구와 싸워야 하는지, 이제는 지도에 나와 있지 않은 길을 찾아 나가야 할 것이다.

어떤 경우든 '우파'와 '좌파' '자유화' '해방' '시장원리'와 같은 예전 표지를 다시 사용할 수는 없다. 심지어는 '로컬'이나 '글로벌', '미래'나 '과거'와 같이 오랫동안 자명했던 시공간의 표지도 마찬가지다.

모두 새로운 비용을 들여 다시 설계되어야 한다. 몽유병자들이 막무가내로 달려들어 우리에게 소중한 것을 부숴 버리기 전에 수행해야 할 시급한 과제다.

8

책의 앞부분에서 주장했듯이 미국의 파리기후변화협약 탈퇴 결정이 새로운 정치적 상황을 명확하게 해주었다면, 그 이유는 협약 제안의 명분과 실행되어야 할 방향이 완전히 정반대여서 오히려 이와 대조되어 세 번째 유인자의 위치가 매우 잘 정의될 수 있기 때문이다.

상황이 얼마나 명확해졌는지 확실히 가늠하려면, 몇 가지를 상상해 보는 것으로 충분하다. 2016년 6월 브렉시트 운동이 실패했다면, 힐러리 클린턴이 당선되었다면, 트럼프가 당선 이후에 파리협약을 탈퇴하지 않았다면, 지금 어떤 논의를 하고 있을까? 우리는 근대화의 전선이 여전히 유효한 것처럼 글로벌화의 손익을 저울질하고 있을 것이다. 다행스럽게도, 이런 부사의 사용이 적절할지 모르겠지만, 지난 일 년간의 사건들로 이 상태는 덜 매력적으로 변했다.

'트럼프주의'는 진지하게 다룰 필요가 있는 희귀한 정치적 혁신이다.[30]

사실 트럼프 지지자들의 기민한 책략은 기후변화의 체계적인 부정에 기반한 과격하고 조직화된 행동의 그것과 일치한다.

이로써 트럼프가 네 번째 유인자를 찾아낸 것 같다. 여기에 이름을 붙이기는 쉽다. '외계Out-of-This-World', 즉, 그들의 행동에 반응하는 지구의 현실에 더는 개의치 않는 사람들의 지평선이다. 처음으로 기후변화 부정론자가 국가 공공 생활의

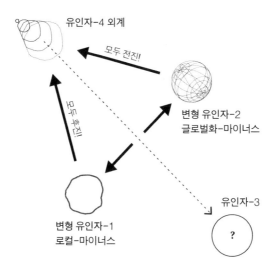

유인자-4 외계

모두 전진!

모두 후진!

변형 유인자-2
글로벌화-마이너스

유인자-3

?

변형 유인자-1
로컬-마이너스

그림3 네 번째 유인자의 정치적 창작물인 '트럼프주의'

방향을 규정하게 됐다.

트럼프가 징후symptom로 나타난 현상을 1930년대 정치
사회적 움직임과 비교하면 파시스트들이 부당하다고 느낄 것
이다. 굳이 이들의 공통점을 찾자면, 각 움직임 모두 구세대 엘
리트들을 잠시나마 혼란에 빠뜨린 발명품으로 정치적 정동 전
반을 고려해도 예측하기 힘들었다는 점이다. 파시스트의 기획
은 고대 문화 기반에서 출발해 근대화로 향하는 오래된 벡터
를 따라 펼쳐졌다. 그들은 로마나 게르마니아와 같은 과거의
꿈을 되찾는 과업을 혁명적 이상 및 산업기술의 근대화에 접
목했고, 개인의 자율성에 반하는 전체국가 또는 전시국가State

of war의 그림을 새롭게 제시했다.

현재의 사례에서 이러한 모습은 보이지 않는다. 국가는 불명예스럽고, 개인은 왕이다. 그리고 정부의 시급한 우선순위는 미화된 미국 같은 세계가 존재하지 않다는 것을 대다수 국민이 알아채기 전에 모든 제약을 완화해 시간을 버는 것이다.

트럼프의 독창성은 두 움직임을 단번에 연결한 데 있다. 먼저, 최고 수익을 향해 성급히 뛰어들어 나머지 세계는 각자의 운명에 내팽개치는 것(억만장자가 '보통 사람'의 대표자로 불린다!)과, 민족과 종족 범주를 복원하는 쪽으로 전 국민을 역방향으로 성급히 뛰어들게 하는 것("미국을 다시 위대하게" 장벽 안에서!)을 말한다. 트럼프 지지자들은 글로벌화를 향한 전진과 오래된 국가 영토로의 후퇴, 이 두 가지 움직임을 예전처럼 반대하지 않고 융합 가능한 것으로 간주하여 행동한다. 이런 융합은 물론 근대화와 지구적인 것의 조건condition of being terrestrial 사이 근원적 갈등의 존재 자체를 부정해야만 가능하다.

이런 이유로 기후과학 회의론이 구성적인 역할을 한다. 달리 이해할 방법이 없다(클린턴 대통령 재임까지 공화당원과 민주당원이 정치생태학 문제에 동의했다는 점도 상기해 보자[31]). 왜 기후변화 부정론이 만연한지 잘 알 수 있다. 융합에 현실성이 전혀 없다는 것은 틀림없다. 월스트리트가 소위 중산층이라고 불리는 수백만 명을 과거를 보호하는 방향으로 돌아가도록 끌어당긴다니! 당분간 이 사업은 외부(국가 간)와 내부(계급 간)에 있는 모든 형태의 연대를 해체하면서 신기후체제에 대한 무관심을 완벽히 유지하는 것에 전적으로 의존하고 있다.

처음으로, 더 이상 지정학적 현실을 진지하게 다뤄야 한다고 주장하지 않고, 모든 현실적 제약에서 명시적으로 벗어나려는 노력을 기울여 조세회피처 같은, 말 그대로 역외에 있으려는 움직임이 대규모로 일어나고 있다.[32] 이 운동을 뒤에서 받쳐 주는 엘리트들도 이제는 다른 사람들과 세상을 공유할 필요가 없다는 점을 가장 중요하게 생각하고 있다. 그들은 공동 세계가 다시는 오지 않을 거라고 알고 있다. 그들은 이런 태도를 보이면서 동시에 미국의 프런티어 정신을 유지하려고 하고 ― 비현실로의 이륙 ― 세 번째 유인자로부터 가능한 한 멀리 떨어지기를 원하는 것처럼 행동한다. 이것은 모든 정치에 나타나 무서움에 떨게 한 유령이며, '트럼프주의'가 확실히 감지한 (트럼프주의의 강점!) 존재이다.

(더욱 놀라운 것은, 이런 일이 부동산 거래에서 실패에 실패를 거듭해 지속적으로 빚더미에 앉은 개발업자이자 다른 형태의 비현실성과 도피주의를 보여 주는 리얼리티 쇼로 유명해진 사람의 작품이라는 점이다.)

엘리트들은 로컬-마이너스로 향해 가는 이들에게는 과거를 재발견할 거라고 약속하면서, 이런 유권자 집단들로부터 막대한 이윤을 챙긴다. 이 과정에서 실증적인 증거에 대해 옥신각신 다툴 일은 거의 없다!

트럼프 유권자들이 "사실을 믿지 않는다"라는 데 격분하는 것은 쓸데없는 짓이다. 그들은 어리석지 않다. 전반적인 지정학적 상황이 부정되어야 하기 때문에, 사실에 대한 무관심이 그토록 중요해지는 것이다. 만일 전진과 후퇴의 사이의 거대한 모순을 고려해야 했다면, 다시 현실로 돌아올 채비를 준

비해야 했을 것이다!

　이러한 움직임으로 생태학적 문제에 큰 관심을 가진 정부가 처음으로 나타났지만, 뒷걸음치고, 부정적이며, 거부하는 방식이었다! **그림3**을 가지고 이를 쉽게 시각화할 수 있는데, 트럼프 등 뒤의 지점에 우리를 위치시키고 그곳으로부터 가야할 곳을 향해 곧바로 선을 긋기만 하면 된다!

　물론, '보통 사람들'은 이 여정에서 어떤 일이 벌어질까 하고 너무 큰 환상을 가져서는 안 된다. 트럼프의 상전上典은 자신들과 나머지 80억 인구가 공유할 공간은 없을 거라고 1980년대 초부터 파악했던 바로 그 소수 엘리트다. "규제를 완화하자. 아직 펌프로 퍼 올릴 것이 남아 있으면 모조리 서둘러서 퍼 올리자. 구멍을 내, 얘야, 구멍을 내! 이 미치광이에 돈을 걸면 결국 우리가 이길 거다. 그러면 우리와 우리 자식들에게 30~40년 정도는 한숨 돌릴 여유가 주어질 거다. 그 후에 대홍수가 일어날 수 있는데, 그때 우린 어차피 무덤에 있을 거다."

　회계사는 투자자를 사취하는 사업가에 꽤 익숙하다. 트럼프주의의 혁신은 세계에서 가장 위대한 국가가 그 단계를 밟도록 하는 것이다. 트럼프가 이 나라의 메이도프*인가?

　그러나 사업 전체를 설명하는 요소를 간과해서는 안 된다. 트럼프는 현실로 돌아오면 잃을 것이 가장 많았던 나라의 업무를 관장하고 있기 때문이다. 미국의 물질적 인프라는 빠르게 전환하기 가장 어렵다. 그런데 작금의 기후 상황에서 미국

＊　　Bernie Madoff, 미국의 전설적인 금융 사기범.

이 져야 할 책임은 참담할 정도로 가장 크다. 몹시 격분하게 만드는 것은 '자유 세계'를 세 번째 유인자 쪽으로 방향 전환할 수 있었던 모든 과학적, 기술적, 그리고 조직적 능력을 국가가 보유하고 있었다는 점이다.

어떤 의미에서, 트럼프 당선은 전 세계의 다른 나라에 뚜렷한 목표 지향의 정치가 끝났음을 알려준 셈이 되었다.[33] 트럼프식의 정치는 '탈진실'이 아니라 탈정치post-politics, 문자 그대로 대상이 없는 정치이다. 거주한다고 주장하는 세계를 거부하는 정치이기 때문이다.

미친 선택이지만 이해할 만하다. 미국은 장애물을 보았고, 마치 울타리 앞까지는 잘 달렸는데 뛰어넘기를 거부하는 말처럼, 적어도 당분간은 그냥 나아가기를 거부했다.

이런 상황에서 모두가 잠에서 깨어날 기회는 있고, 그런 희망을 품을 수 있다. 기후 위협만으로는 깨지 못한 무관심과 방종의 벽을 허물 수 있다.

이 일을 하지 못한다면 모든 것이 무시무시한 대홍수로 끝날 거로 예측하는 데 신의 부름을 받은 전문가까지는 필요 없다. 이것이 유일하게 파시즘과 비슷한 점이다. 마르크스의 격언과는 반대로, 역사는 단순히 비극에서 희극으로 가는 것이 아니라 비극적인 희극 속에서 한 번 더 반복될 수 있다.

9

세 번째 유인자에 대해, 그곳으로부터 멀리 떨어지려고 비행하는 자들보다 더 잘 설명할 수 있는 사람은 없다는 주장은 터무니없는 소리처럼 들린다. 마치 우리 근대인들이 일반적인 행동 양식과 전반적인 역사의 흐름을 전혀 인식하지 못하고 있다거나, 우리가 지난 세기말이 되어서야 우리의 기획이 허공을 떠다니고 있음을 인지하기 시작했다고 주장하는 것처럼 말도 안 된다. 그런데 이것이 정확히 우리가 직면하고 있는 상황이 아닌가? 지금까지 질주의 대상이 되었던 글로벌(글로벌-플러스와 글로벌 – 마이너스 모두), 한계가 지워지지 않은 글로벌화에 우리 자신을 투영할 수 있게 해주었던 지평선(그리고 이같이 피할 수 없어 보이는 운명에서 벗어나고자 했던 지역들의 반작용적인 증가), 그 어떤 현실성이나 확고한 물질성에 기반을 둔 적이 없는 모든 것들, 이것들이 우리 앞에 있는 것 아닌가?

정치가 그 본질과는 아주 무관해지고 어떤 의미나 방향도 제시하지 않으며 실로 무력하고 무감각하고 텅 비어 버렸다는 무서운 느낌이 드는 이유는, 글로벌과 로컬 모두의 물리적 실체가 지속되지 않고 있음이 서서히 드러났기 때문이다. 그 결과, 앞에서 밝힌 첫 번째 벡터(**그림1**), 즉 전진과 후퇴의 지점을 위치 지을 수 있게 하는 긴 직선은 시작도 끝도 없는 고속도로처럼 보인다.

이 모든 것에도 불구하고 상황이 점점 명료해지고 있다

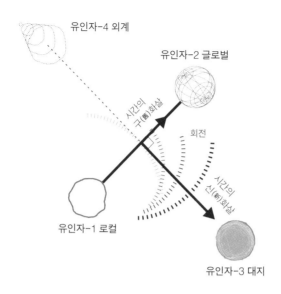

유인자-4 외계

유인자-2 글로벌

시간의 구(舊)화살

회전

시간의 신(新)화살

유인자-1 로컬

유인자-3 대지

그림4 정치 현장의 방향 전환

면, 그것은 우리 스스로 근대화의 거부와 수용 사이 어딘가에 보류 중이라기보다는, 90도 회전하여 이전 벡터와 새로운 벡터 사이에 위치해 있으며 서로 같은 방향을 가리키지 않는 두 개의 시간 극에 의해 밀려가고 있어서이다(**그림4**). 여기서 세 번째 유인자를 만드는 것이 무엇인지 알아내는 것이 주 관심사이다. 어떤 측면에서 다른 두 개보다 유인력이 더 클까? 왜 많은 이에게 거부감을 주는 것으로 보일까?

급선무는 다른 유인자들과 혼동되지 않을 이름을 짓는 일이다. '지구'는 어떤가? 이는 '푸른 행성Blue Planet'이라는 유명한 말처럼 우주 공간에서 보이는 행성을 뜻하는 것으로 이해될 것이다. 그렇다면 '자연'은? 이건 너무 방대하다. '가이아'는? 적절한 단어지만 이유를 설명하기 위해 많은 페이지가 필요하다.*[34] '토지'는? 모호한 단어이다. '세계'는 물론 좋지만 이전 형태의 글로벌화와 너무 쉽게 엮일 수 있다.

모두 아니고, 이 행위자**의 충격적으로 놀라운 독창성과 지속성을 아우르는 용어가 필요하다. 이를 대지Terrestrial라고 당분간 부르자. 이것이 개념이라는 점을 강조하기 위해 대문자를 써서 나타내고, 우리가 어디를 지향하는지 미리 명시하자. 대지는 새로운 정치적 행위자이다.

우리가 파악하고 부딪칠 큰 규모의 사건은 실상 대지의 행동력과 관련이 있다. 더 이상 대지는 인간 행동의 환경 또는 배경으로 존재하지 않기 때문이다. 사람들이 지정학을 말할 때 일상적으로 접두어 'geo'를 정치 행위가 일어나는 틀 정도로만 이해하고 쓴다. 하지만 'geo'가 공공 생활에 완전히 참여하는 행위자를 지칭한다고 인식이 변하고 있다.

현재 벌어지고 있는 방향 상실은 인간 행동에 반응하고 있고 앞으로도 계속 반응할 행위자, 근대화의 주창자들로 하

---

*   가이아 가설은 러브록과 마굴리스가 1970년대에 제안한 것으로, 다른 행성과 지구의 가장 큰 차이는 지구에는 생명체가 있어 지구의 구성 요소를 바꾸고 있다는 점을 강조하기 위해 내세운 것이다. 마치 지구가 커다란 유기체organism처럼 자율 조절 기능을 가진다는 함의 때문에 수많은 과학자의 비난과 공격을 받았다. 라투르는 가이아 가설이 곡해되어 그 중요성을 인정받지 못하고 있다고 생각한다.

**   여기서는 agent를 번역한 것이다.

여금 어디에 있고 어느 시대에 살고 있으며 특히 지금부터 어떤 역할을 해야 할지 인지하는 것을 가로막는 행위자의 출현에서 전적으로 비롯된다.

'현실주의 학파'에 속한다고 자부하는 지정학적 전략가들은 그들의 전투 계획이 마주칠 현실을 일부분 수정해야 할 것이다. 이전에는 사람이 '지구에on earth' 또는 '자연 속에in nature' 있다고 하고, '근대 시기'에 살고 있다고 하며, 스스로 자신의 행동에 어느 정도 '책임질 수 있는' '사람들'로 말할 수 있었다. 마치 서로 포개져 있는 두 개의 층을 나누듯 '자연'지리학과 '인문'지리학을 구분해 볼 수 있었다. 그런데, 우리가 있는 장소의 '발 딛고 있는 곳'이나 '둘러싼 곳'이 우리의 행동에 반응하고 우리에게 대항하고 우리를 에워싸고 지배하며 우리에게서 무언가를 요구하고 우리를 어딘가로 끌고 간다면, 우리가 어디에 있는지 어떻게 말할 수 있겠는가? 자연지리학과 인문지리학을 이제 어떻게 구별할 수 있을 것인가?

지구의 안정성이 담보되는 한에서는, 공간에 대해 말하고 그 공간 속과 우리가 점유했다고 주장하는 영토의 한 부분 위에 우리 자신을 위치시킬 수 있었다. 그런데 그 영토 자체가 역사에 참여하고 인간과 맞서 싸우며 즉 인간 생활에 관여하기 시작한다면 어떤 행동을 취해야 할까? 우리가 땅을 점유하는 것이 아니라 실제로는 땅이 우리를 점유하고 있다면? "이 영토에 속한다"라는 표현의 의미는 바뀌었다. 소유자를 소유하는 행위성agency을 지칭한다!

대지가 이젠 인간 행위의 틀이 아니라면, 그 이유는 행위의 참여자가 되었기 때문이다. 공간이 위도와 경도의 격자를 가지고 일하는 지도 제작자의 것이던 때는 지났다. 공간은 동요하는 역사가 되었다. 인간은 그 역사의 참여자 중의 하나로 변화에 반응할 뿐이다. 지사학geohistory이 쓰이는 현장 한가운데에 착륙한 느낌이다.[35]

글로벌로 나아가는 것이 이전에는 끝없는 지평선을 향해 계속 전진하고 무한한 프런티어를 치고 나가는 것을 의미했다. 반대로 로컬로 방향을 틀었다면, 안정된 프런티어와 보장된 정체성에서 위안을 되찾자는 희망 때문이었다. 오늘날 우리가 어느 시대에 살고 있는지 이해하기 어렵다면, 이는 세 번째 유인자가 모두에게 잘 알려져 있지만 동시에 완전히 다른 것으로 느껴지기 때문이다. 대지가 새로운 세계인 것은 맞지만, 예전에 근대인이 원주민을 미리 제거해 가며 '발견했던' 것과는 다르다. 이 세계는 식민시대의 모자를 쓴 탐험가를 위한 새로운 미개척지terra incognita가 아니다. 아무나 가져가도 되는 무주공산res nullius은 더더욱 아니다.

이제 상황이 반전되어, 근대인들은 지구, 토지, 나라, 영역 등이 어떤 식으로 부르든지 간에 이미 점유되어 있고, 아주 옛날부터 사람이 살고 있었던 곳으로 자신들도 이동하고 있음을 알게 되었다. 최근 누구보다 빠르게 근대화의 지상명령으로부터 급히 벗어나야 한다고 생각한 사람들의 이주로 인해 여기에 인구가 다시 늘고 있다.[36] 이 세계에서 근대적 사고방식을 가진 사람들은 일종의 망명 생활을 접하게 된다. 예전에 그들이 구태의연하며 전통주의적이고 반동적이며 간단히 말해

'로컬'이라고 생각했던 사람들과 함께 사는 법을 배워야만 한다.[37]

하지만 이런 공간이 얼마나 오래된 곳이든 간에, 기후 전문가가 알려준 대로 현 상황은 **전례 없는** 것이기에 이곳은 모두에게 새롭다. 이 '못된 보편성wicked universality', 즉 보편적인 땅 부족universal lack of earth 문제가 바로 여기에 있다.

문명이란 것은 지난 만 년이 넘는 시간 동안 쌓인 습관이라고 할 수 있는데, 지질학에서 볼 때 비교적 큰 변화가 없었던 지리적 공간과 시기에 출현했다. 이런 지질시대로 명명된 홀로세Holocene는 인간 행위를 어렵지 않게 구별할 수 있게 해주는 '틀'의 특성을 모두 갖추고 있다. 극장에서 영화의 내용 구성에 집중하기 위해 빌딩과 옆 통로에 신경 쓰지 않는 것과 마찬가지다.

이것이 인류세에서는 더 이상 가능하지 않다. 인류세는 현시대를 가리켜 몇몇 전문가들이 제안하여 아직 논쟁 중인 새로운 지질시대의 이름이다.[38] 여기서 우리는 기후의 작은 변동이 아니라 지구 시스템 전체의 격변을 다룬다.[39]

물론 인간은 항상 환경을 변화시켜 왔다. 그러나 여기서 환경이란 단어는 인간을 둘러싸고 있는 주변만을 의미했다. 인간은 늘 주인공으로 남아있고, 그 드라마의 주변 장식품만 바꿔 온 셈이다.

오늘날에는, 무대 장식, 옆 통로, 배경, 건물 전체가 무대에 올라 배우들과 주연을 놓고 경쟁한다. 이런 상황으로 대본은 통째로 바뀌고 다른 결말이 제안된다. 이제 인간은 유일한

배우가 아닌데도, 스스로는 아직도 과분할 정도로 중요한 역을 배정받았다고 생각하고 있다.[40]

우리가 이제는 더 이상 똑같은 옛날이야기를 반복할 수 없다는 점은 확실하다. 서스펜스가 전면에 깔리고 있다.

뒤로 갈 것인가? 오래된 조리법을 다시 배울 것인가? 예로부터 전해 내려오는 지혜를 새롭게 볼 것인가? 아직 근대화되지 않은 몇 안 되는 문화에서 배울 점을 찾을 것인가? 물론 그렇다. 단, 환상으로 우리 자신을 달래는 일이 없어야 한다. 그들에게도 선례가 없는 일이기 때문이다.

지금껏 어느 인간 사회도, 그 아무리 현명하고 교묘하며 신중하고 조심스러웠다 하더라도, 80억 명에 이르는 인류의 행위에 대한 지구 시스템의 반응을 고심해 본 적은 없었다. 만년 동안 쌓인 온갖 종류의 지혜는, 우리가 설사 재발견할 수 있다 하더라도, 수백, 수천, 아니 수백만이 넘는 규모의 사람들에게 안정된 혜택을 준 적이 없다.

우리가 놀라울 정도로 전례 없는 상황에 놓여 있다는 점을 인식하지 못한다면 이 시대 정치의 공허함을 전혀 이해하지 못할 것이다.

적어도 도망치기로 한 사람들의 반응은 이해하기 쉽다. 평온하게 보편적 근대화의 지평선을 향해 있던 사람이 어떻게 자진해서 세 번째 유인자를 향해 방향을 틀겠는가?

눈 하나 깜빡하지 않고 이런 상황을 응시하겠다고 하는 사람은 에드거 앨런 포Edgar Allan Poe의 단편 소설, 「큰 소용돌이에 빨려 들어서」에 나오는 영웅 같은 처신을 하는 사람이다.[41] 그 유일한 생존자와 다른 익사자들 사이에 차이가 있다면, 그것은 로포텐 제도* 출신의 나이든 뱃사람이 소용돌이 속에서 잔해물의 회전을 냉정히 주시했다는 점이다. 배가 심연으로 빠져 내려갈 때, 빈 나무통에 매달려 살아날 수 있었던 것이다.

탈출이 가능하다고 믿고, 떠다니는 난파물 조각 모두에 세심한 주의를 기울일 수 있다고 생각하는 사람은, 그 나이든 선원처럼 빈틈이 없어야 한다. 이렇게 주의를 기울이면, 왜 어떤 잔해들은 바닥에 가라앉지만 어떤 것들은 그 형태 때문에 생명을 건질 도구가 되는지 문득 이해할 수 있게 된다. "내 왕국을 줄 테니 통 하나를 주시오!"

---

* 노르웨이 북부 연안의 섬.

10

만약 또렷이 주목해야 할 주제가 있다면 근대 세계의 생태학적 조건을 들 수 있다. 매우 오래되고 또 비극적으로 새로운 이 영토, 착륙할 곳을 찾아 헤매는 이들을 위한 대지는, 이른바 '생태 운동'이 모든 방향과 모든 의미로 이미 훑고 지나갔다. 이를 공공 생활의 새로운 축으로 삼으려 했던 녹색당들green parties이 그 예이며, 이들은 산업혁명 초기부터, 특히 전후 시대 이래 세 번째 유인자를 지목했다.

근대인들이 볼 때 시간의 화살은 글로벌화 쪽으로 모든 것을 끌고 갔지만, 정치생태학은 그 모든 것을 다른 극으로 견인하려고 했다.

공평하게 말하자면, 생태학이 소고기부터 기후까지 많은 것들을, 예컨대 산울타리hedge, 습지, 옥수수, 농약, 디젤 연료, 도시 계획, 공항 등을 격렬한 논쟁의 대상으로 바꾸는 데 큰 성공을 거두었기에, 모든 물질적 객체가 자체적인 '생태학적 차원'을 가지게 되었음을 주목해야 한다.

생태학 덕분에, 시위를 불러일으키지 않는 개발 사업이 없고, 반대 법안이 없는 입법개정안도 없을 정도이다. 오늘날 가장 취약한 정치적 행위자가 [생태 목적을 위해 극단적 형태의 파괴나 폭력을 행사하는] 전투적 생태주의자ecological militants라는 것은 숨길 수 없는 사실이다.[42] 그리고 심지어 기후변화 부정론자들에게도 기후에 대한 것은 매우 중요하다. 그들이 전력을 다해 거부하는 것이 바로 그것 아닌가.

따라서 생태학은 공공 생활의 핵심 의제에 이전에는 속하지 않았던 것의 중요성을 알리고 정치가 이를 관심 대상에 포함하게 만드는 데 성공했다. 이를 통해 사회 세계를 지나치게 좁게 정의하는 관습에서 정치를 성공적으로 구해 냈다. 정치생태학은 공론장의 현안을 바꾸는 데 기여했다.

근대화할 것인가, 생태화할 것인가. 이 선택이 중대해졌다. 모두가 이에 동의한다. 하지만 생태학은 실패했다. 이것에도 모두 동의한다.

녹색당들은 어디에서나 여전히 군소 정당이다. 그들은 어떻게 끼어들어야 하는지 전혀 알지 못한다. '자연'에 대한 문제를 내세우면 기존 정당들은 인간의 권리를 주장하면서 반대한다. 녹색당들이 '사회적 문제'를 제기하면, 기존 정당들은 또다시 "이게 당신들이 신경 쓸 문제인가?"라고 묻는다.

50여 년간의 녹색 전투주의Green militantism*의 역사 속에서, 몇몇 예외를 제외하고, 사람들은 꾸준히 경제학과 생태학, 개발 수요와 자연 보존, 사회 불평등 문제와 현실적 세계의 작동을 대립시켜 겨루게 했다.

생태주의 운동 입장에서 공정하게 보면, 운동의 잠정적인 실패 원인을 운동과 세 개의 유인자 사이의 위치 관련성에서

---

* '녹색 전투주의'는 '녹색 무장화Green militarization' 또는 '무장화된 보존 armed conservation'이라고도 하는데, 야생동물 밀렵을 막기 위해 무장을 해야 한다는 입장을 말한다.

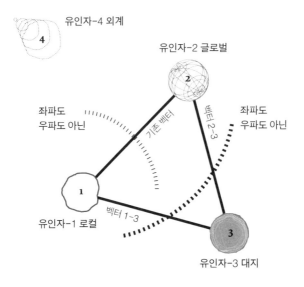

그림5 "좌파도 우파도 아닌"이라는 같은 구호를 위치시키는 두 가지 방법

찾는 것이 편리하다. 생태 운동가들은 근대인들이 상정한 시간의 화살이란 덫 자체에서 벗어나지 못한 채, 우파와 좌파, 수구와 진보 모두와 거리를 두려고 했던 것이다.

　이 단순화된 삼각 도식으로 명백해진 어려움을 먼저 다뤄 보자('자연'이라는 관념 때문에 상황이 굳어 버린 이유는 나중에 드러날 것이다). 사실 좌/우의 구분을 극복하는 방법에는 최소한 두 가지가 있다. 기존 벡터(**그림5**의 주요선 1-2) 어딘가에 자리를 잡아 두 극단 사이에 **중도적인 입장**을 취할 수 있다. 그러나 벡터를 재정의해서 세 번째 유인자와 연결하여 생각해 볼 수도 있다. 그러면 다른 관점(**그림5**의 주요선 1-3과 주요선 2-3)에서 좌/우의 위치 범위를 조정하는 것이 불가피해진다.

수많은 정당, 운동, 이익 단체들이 자유주의와 지역주의, 열린 국경과 닫힌 국경, 문화적 해방과 시장 경제 사이의 '제3의 길'을 발견했다고 주장해 왔다.[43] 이들이 지금까지 실패했다면, 새로운 좌표를 상상하지 못하고 애초에 힘을 발휘할 수 없게 하는 좌표만을 사용했기 때문이다.

만약 문제가 단순히 '좌/우 대립에서 벗어나기'에 국한된다면, 그에 대한 답을 찾는 것은 크게 어렵지 않다. 기존 벡터의 주요선 중간 지점에 위치해, 차별하고 배제하고 분열하게 하는 힘을 둔화시키는 일을 하면 된다. 좌/우의 정도를 표시하는 문제가 늘 격렬한 논쟁을 일으키므로, 그 지점을 새로운 중심, 새로운 수렁, 새로운 '취약점soft belly'과 혼동해서는 안 된다.

사실 정반대이다. **그림5**의 삼각형에서 보듯이, 이것은 좌/우 구분의 연원이 되는 논쟁의 내용을, 혹은 오늘날 너무 많고 너무 섞여 있는 좌파 및 우파의 용례들을 수정하면서 전선front line을 기울이는 문제이다. 이 구분은 이미 고전적 좌표계의 질서 속에서 정렬하기가 힘들어졌다.

이상하게도, 사람들은 좌/우의 벡터를 바꾸는 것은 불가능하다고 생각하며, 이 벡터가 대리석 혹은 시민 모두 — 적어도 프랑스 시민 — 의 마음에 두 세기 동안 새겨져 있었던 것처럼 여긴다. 심지어는 이런 구분이 한물간 것임을 인정하면서도 말이다. 그들이 기존의 구분에 집착하는 것은 다른 벡터를 가지고 있지 않아서가 분명하다. 원형 톱으로 허공을 가르는 것처럼, 점점 더 부적절해져서 점점 더 거슬리는 반복이다.

11

그렇기는 하지만, 장난감 병정을 먼저 맨 왼쪽, 그다음 왼쪽, 중앙, 오른쪽, 그리고 가장 오른쪽 끝에 줄지어 세우는 식의 생각, 마음속 반원mental hemicycle을 흔들어 바꿀 방법이 있을 것이다. 이 패턴은 1789년 프랑스에서 시작됐다. 선출된 관료들은 왕실의 거부권 대상이 될 수도 있는 애매한 문제에 대해 투표하기 위해 소집된 회의에서 의장석을 기준으로 정치적 성향에 따라 앉는 관습이 있었다.

아무리 초보적이고 역사적 상황에서 벌어진 것이라 하더라도, 이런 줄 세우기 방식은 여론 조사, 정치적 선언, 범주화 모두에 영향을 미친다. 이것은 모든 종류의 역사적 서술뿐만 아니라 모든 선거에서도 작동하며, 심지어 우리의 가장 감정적인 반응까지도 지배한다. '우파'와 '좌파', '보수주의자'와 '자유주의자'라는 용어에 많은 무게가 실리고, 그러한 감정의 홍수는 다음과 같은 판단에서도 나타난다. "이자는 극우야!" "그를 조심해. 좌파야!"

적어도 지금으로서 그런 정동이 실려 있는 용어affect-laden terms를 쓰지 않기는 힘들다. 공적 행위는 인지할 수 있는 목표를 지향함이 당연하다. '진보progressive'라는 단어가 논쟁의 대상이 될 수 있을지라도, '퇴보regress'하자는 호소에 모일 사람은 거의 없을 것이다. '진보의 종말' 즉 부모 세대보다 더 잘 살기 어려운 마당에, 천천히 쪼그라드는 법을 배우자는 프로젝

트로 군중을 열광시키기는 힘들다.[44]

만일 정치에서 새로운 지향점을 찾는 것이 목표라면, 지나간 갈등과 다가올 것 사이의 연속성을 유지하기 위해서라도, 반대되는 두 용어의 대조 이상으로 복잡한 방법은 쓰지 않는 게 현명할 것이다. 더 복잡한 쪽 말고, 방향을 다르게 하는 방법을 알아보자.

그림5의 삼각형에서 볼 수 있듯이, '반동주의자'와 '진보주의자'(이 표지들을 유지하고자 한다면)를 구별해 주는 벡터의 원리를 보존할 수도 있지만, 이렇게 방어해야 할 핵심적 이유를 수정할 때만 의미가 있다.

나침반은 결국 자화된 바늘과 자석 덩어리에 불과하다. 바늘에 의해 형성된 각도와 물체의 구성을 모두 살펴볼 필요가 있다.

여기서 다음과 같은 가설을 제시할 수 있다. 나침판의 바늘이 90도 회전하여 그 기원이 놀라울 뿐인 강력한 유인자를 향하고 있으며, 보기와는 달리 이 유인자는 소위 근대의 여명기부터 정치의 좌표계 역할을 한 다른 두 유인자와는 전혀 다른 속성을 가지고 있다.

따라서 문제는 이렇다. 공공 생활에 합당한 갈등의 원칙을 계속 작동시키면서 동시에 그 지향점을 바꿀 수 있는가, 하는 점이다.

세 번째 유인자 쪽으로 방향을 전환해서, 이제 거의 막바지에 다다른 근대 시기 동안 좌/우 대립 구도 속에서 수용되고 설명되며 포함되었던 요소들을 가려낼 수 있을 것이다.

대지라는 유인자가 균열을 일으켰으니, 이제 포장을 열어 그 안에 있는 구성 요소들 하나하나를 다시 검토할 필요가 있다. 여기에는 '운동' '진전' 심지어는 '진보' 같은 것들이 있으며, 반대쪽에는 '후퇴' '포기' '배반' 또는 '반동' 등이 있다.

이러한 조치는 아마도 정치 게임을 복잡하게 만들긴 하겠지만, 어쨌든 예상치 못한 새로운 전략의 틈을 열어 놓는다.

어렵사리 글로벌에 다가가는 대지 유인자를 향한 방향 전환은 이제는 잊힌 꿈에서 출발할 수 있고(도식에서 주요선 2-3을 따라), 또 로컬로 귀환하는 길의 저 먼 지평선에서 시작할 수 있다(도식에서 주요선 1-3을 따라).

이 두 각도는 앞으로 착수할 치밀한 협상이 어떤 것인지

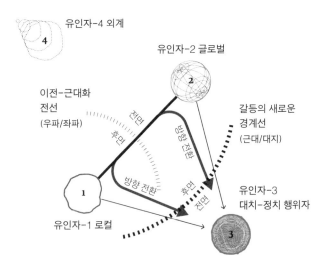

그림6 새로운 동맹

알게 해준다. 이 협상은 글로벌로 계속 도망가는 사람들과 로컬로 피신하는 사람들의 관심의 **방향을 돌리기** 위해, 그리고 새로운 유인자의 중요성을 느끼는 데 **관심을 두게** 하기 위한 것이다(**그림6**).[45]

아직은 몹시 추상적이지만, 새로운 정치를 정의하길 원한다면 이 협상에 집중해야만 한다. 기존의 줄 세우기에서 명백히 '반동주의자'였던 사람 중에서 협력자를 찾아야 한다. 또한 기존의 기준에서 볼 때 분명히 '진보주의자'이고 아마도 '자유주의자' 또는 심지어 '신자유주의자'라고 할 수 있는 사람들과도 동맹을 맺어야 할 것이다.

방향 전환이 일어나려면 어떤 기적이 필요할까? '좌/우 대립 극복' '분열 뛰어넘기' '제3의 길 찾기'와 같은 시도가 모두 실패했던 세상에서 그게 가능한 일일까?

이는 지향성의 관념 자체와 연관된 이유로 가능할 것이다. 밖에서 보는 것과는 달리, 정치에서 중요한 것은 **태도**가 아니라, 태도의 작동에 반응하는 **세계의 형태와 가치**이다.

정치는 항상 사물, 이해관계, 상황, 물체, 육체, 풍경, 장소에 지향점을 두고 있다. 이른바 지켜야 할 가치는 정치가 구체화 할 수 있어야만 하는 영토의 도전에 대한 반응에서 항상 드러난다. 이는 사실상 정치생태학이 결정적으로 발견한 것이다.[46] 이것이 객체-지향 정치object-oriented politics이다.[47] 영토를 바꿔라, 그러면 당신의 태도도 바뀔 것이다.

나침반 바늘은 미친 듯이 흔들리며 여러 방향으로 돌아간다. 만약 바늘의 움직임이 멈춘다면, 그것은 자석 덩어리가 영향력을 발휘했기 때문이다.

현 상황에서 유일하게 안심되는 것은 다른 벡터가 현실에서 점차 힘을 얻고 있다는 점이다. 근대/대지 벡터(**그림6**)는 아직도 극심한 좌/우 이분법에 필적할 믿을 수 있고 확실한 대안으로 떠올랐다.

새롭게 상대해야 할 자를 지목하는 일은 어렵지 않다. 유인자-1, 유인자-2, 특히 유인자-4에 지속적으로 관심을 두고 있는 사람들이다. 문제가 되는 로컬, 글로벌, 외계, 이 세 개의 유토피아는, 어원적인 측면에서 볼 때 토포스topos* 및 땅과 토지가 없는 장소이다. 하지만 여기에 있는 사람들이 유일하게 잠재적 동맹을 맺을 상대이다. 따라서 그들을 설득하고 변화시키는 작업을 해야 할 것이다.

무엇보다 먼저, 지배 계급에 의해 역사적으로 배신당해 당연히 버림받았다고 느낄 사람들, 보호받을 공간을 보장하라고 소리 높여 요구하고 있는 사람들에게 무엇을 해줄 수 있을지 알아내야 한다. (꽤 허술하지만) 도식적으로 말해 본다면, 이 것은 로컬 유인자를 향해 가고 있던 에너지의 방향을 대지 쪽으로 바꾸는 문제이다.

불법적인 것은 근거지를 없애 버리는 행위이지 어디에 소속되려는 노력이 아니다. 어느 땅에 속한다는 것, 토지에 머물며 일하기를 바라는 것, 거기에 기반을 두고자 하는 것, 이런 것들이 '반동적'인 일이 되어 버렸다. 앞서 말한 것처럼, 근대화 명령에 따라 황급히 앞만 보고 떠나는 비행과 대비되기 때문에 그렇다. 도망치기를 멈추었을 때, 뿌리를 두려는 갈망은 우리 눈에 어떻게 보일까?

로컬의 지지자와 대지의 지지자들 간의 협상 — 친목? — 에는 토지에 대한 소속감의 중요성과 합법성뿐만 아니라 필요성도 고려되어야 한다. 그러나 — 여기에 난관이 놓여 있는데 — 이 소속감을 로컬이 거기에 추가했던 것들, 즉 민족 동질성, 독점과 세습, 역사주의, 과거에 대한 향수, 진정하지 않은 정통성 등과 혼동해서는 안 된다.

반대로, 어딘가에 착륙하기 위한 협상보다 더 혁신적인 것, 더 실존적이고 미묘하며 기술적이고 (긍정적인 의미에서) 인공적인 것은 없다. 그것은 가장 투박하고 촌스러운 동시에, 가장 창조적이고 현대적이다.

지구로의 복귀를 레벤스라움Lebensraum**의 한 형태로, 제2차 세계대전 중 프랑스 비시Vichy 정부에 의해 추진된 황무지와 숲을 개간하자는 운동back-to-the-land movement과 혼동해서는 안 된다. 월가 점령 시위Occupy Wall Street와 프랑스의 지역수호ZAD, zone à défendre와 같은 운동은 토지에 대한 소속감의 의미를 다시 정치화하는 것의 긴급성을 잘 보여 주었다.***48

---

*   어떤 공간에서 유사성을 갖는 성질.

**   생존 공간이란 명분으로 독일 제국의 팽창을 뒷받침했던 나치의 이념.

***   '월가 점령 시위'는 2011년 미국 금융의 중심인 뉴욕 월가에서 일어난 항의 시위를 가리킨다. 경제 위기의 주범이면서도 거액의 퇴직금을 챙겨 떠나는 최고 경영자들에 분노해 일어난 사건이다. 프랑스의 '지역수호' 운동은 2010년대 초 개발을 막기 위해 전국 각지에서 모여든 수백 명이 집단생활을 하는 시위를 말한다. 이 운동가들을 자디스트라고 부른다.

로컬과 새로 형성된 토지의 구분은 서로 다른 유형의 이주민들이 와서 살게 될 장소를 처음부터 끝까지 창조해야 한다는 점에서 더욱 중요하다. 로컬이 폐쇄를 통해 차별화하도록 설계되었다면, 대지는 개방을 통해 차별성이 드러나도록 했다.

협상해야 할 다른 지점도 있는데, 글로벌을 향해 전속력으로 돌진하는 사람들에 대한 것이다. 보호에 대한 요구를 대지와 연결한 것처럼, 글로벌화-마이너스를 향해 진격하는 사람들에게 그런 글로벌화가 글로브 및 세계에 대한 접근과 얼마나 다른지를 보여 주어야 할 것이다.

대지는 지구와 토지에 묶여 있지만, 국경과 일치하지 않고 모든 정체성을 초월한다는 의미에서, 월딩[49]의 한 방법이기도 하다.

바로 이런 점에서, 대지는 앞서 언급한 장소의 문제를 해결했다. 글로벌의 무한한 지평선을 가진 지구는 없지만, 로컬은 너무 좁고 쪼그라들어서 대지의 세계에 속하는 다양한 존재를 수용할 수 없다. 이것은 로컬과 글로벌이 하나의 선상에 나란히 나타나는 모습을 포착하는 줌 렌즈가 존재할 수 없는 이유다.

어떤 동맹이 맺어져야 하는지와는 상관없이, 계속해서 정치적 태도, 정동, 열정, 입장과 같은 말을 꺼내는 한 어떤 동맹도 성공할 수 없을 것은 확실하다. 이런 태도, 정동, 열정, 입장이 향하고 있는 현실 세계가 완전히 바뀌었기 때문이다.

다시 말해, 우리가 정치적 정동을 쇄신하는 데 뒤처졌다는 것이다. 이것이 프로세스를 다시 시작하여 새 자석 덩어리를 기존의 나침반 앞에 두어야 하는 이유다. 이로써 우리의 태도, 정동, 열정, 위치가 어떻게 재배치되고 있는지 알 수 있을 것이다.

어려움을 피해 봐야 소용없다. 이 싸움은 힘들 것이다. 기존의 좌/우 벡터를 따라 계속 오가면서 허비한 시간 탓에 해야 할 동원과 협상이 지연되었다.

이 때문에 생태 정당들의 성장이 늦춰졌다. 그들은 우파와 좌파 사이에 자리 잡거나 그런 구분을 '초월'하려고 했지만, 그런 초월을 상상할 수 있는 지점을 구체적으로 제시하지 못했다. 그들은 옆으로 한 발짝도 비켜서지 못하는 바람에 두 유인자 사이에 끼게 되었고, 그 유인자들 자체도 점차 현실성을 잃어 갔다. 정당들이 어디로도 신속하게 움직이지 못한 것은 전혀 놀랍지 않다.

우리는 이제 새로운 정동이 작용하고 있는 힘의 방향을 영속적으로 바꾸고 있음을 하루하루 더 확실히 알아보기 시작하지 않았는가? 그리고 스스로 다음과 같은 질문을 던지기 시작하지 않았는가? 우리는 근대인인가 대지인Terrestrial인가?

정치학자들은 좌파와 우파 사이에 포진한 근본적인 가치관들과 관련하여 새로운 방향성이 제시될 수 없을 것이라 할 것이다. 여기에 아마도 역사가들은, "18세기 이전에 '오른편'과 '왼편'이 있었나?"라고 반박할 것이다.

중요한 것은 새로운 동맹의 집합체를 상상함으로써 교착 상태에서 빠져나가는 일이다. "좌파이었던 적이 없다고? 그건 중요하지 않아, 나도 마찬가지야, 하지만 너처럼 급진적인 대지

인이야!" 극단적인 근대의 행동 대원들이 완전히 짓밟기 전에,
알아야 할 여러 입장이 모두 들어 있는 집합체 말이다.

12

운동으로서 생태학이 지고至高의 정치적 행위자인 대지를 충분히 엄밀하게 정의하지 못했다는 증거로, 생태학이 사안의 중요성에 걸맞은 규모로 동원하는 방법을 알지 못하고 있었음을 들 수 있다. 19세기 이후 사회 문제가 불러일으킨 격정의 힘과 전후 시대에 등장한 생태 운동의 힘은 서로 엄청나게 떨어져 있다.

그 간극을 잘 보여주는 것이 칼 폴라니의 역작 『거대한 전환The Great Transformation』이다. 이 책에서 가장 안타까운 것은, 폴라니가 시장 자유주의의 폐해를 이젠 지나간 일이라고 잘못 판단한 점이 아니다. 오히려 이런 폐해에 대한 반향이 정치 지형의 **대정지**大停止, great immobility라고 부를 정도로 크지 않았다는 점이다. 책의 초판은 (영국판을 기준으로) 1945년에 나왔다. 그 이후의 시기는 마땅히 일어났어야 할 ― 만일 생태 운동이 다양한 유형의 사회주의에서 발생한 에너지를 이어받아 증폭시켰더라면 가능했을 ― 다른 거대한 전환의, 애석하게도 비어 있는 자리를 아주 명확히 잘 보여 준다.

이런 에너지 전파가 실제로는 일어나지 않았다. 사회주의와 생태학은 효과적으로 힘을 모아 함께 일할 방법을 찾지 못하고, 개별적으로 역사의 진로를 바꾸려 하다가 그 속도를 늦추기만 했다. 만일 그들이 너무 유약한 태도를 취했다면, 사회적 문제와 생태적 문제 둘 중 하나에만 집중해야 한다고 믿었기 때문이다. 정작 중요한 것은 이와는 다르고 훨씬 더 결정적인 선택의 문제, 즉, 정치의 두 가지 **방향**에 관한 것이었는데 말이다. 하나는 정치를 사회 문제에 대한 것으로 제한적으로 정의하는 방향이고, 다른 방향은 인간과 비인간 사이의 선험적 차이를 전제하지 않은 채 생존의 문제로 정의하는 것이다. 즉 한 사회를 구성하는 사회적 유대에 대한 것이라는 좁은 정의와 이른바 집합체collectives를 만드는 연계들에 대한 넓은 정의 사이에서 선택해야 한다.[50]

이 두 방향이 서로 다른 행위자를 대상으로 하는 것은 아니다. 상투적인 표현을 쓰자면, 노동자의 임금과 작은 새들의 운명 사이에서 선택해야 하는 것이 아니라, 노동자의 임금과 작은 새 둘 다 존재하지만 이들이 연계되는 서로 다른 맥락을 지닌 두 가지 세계의 유형 사이에서 선택해야 한다는 것이다.

그렇다면 질문을 이렇게 바꿔 볼 수 있다. 왜 사회운동가들은 생태적 문제를 자기들의 문제로 인식하지 못했을까? 그 문제를 처음부터 적극적으로 받아들여 자신들의 운동의 노후화를 피하고 아직은 취약한 상태의 생태학에 힘을 실어 줄 수는 없었을까? 아니면 질문을 뒤집어서, 왜 정치생태학자들은 사회 문제로부터 배턴을 이어받아 앞으로 치고 나가지 못했을까?

전문가들이 대가속Great Acceleration[51]의 시기라고 부르는 지난 70년 동안 모든 것이 변했다. 시장의 힘을 제어하고 있던 고삐가 풀렸고, 지구 시스템의 반동이 촉발되었다. 하지만 진보 정치와 수구 정치는 여전히 유일하고 영원하게 보이는 벡터, 즉 근대화와 해방화의 벡터에 따라 정의되고 있다.

한편으로 주요한 변화가 있었으나, 다른 한편으론 '사회주의'와 관련해 용어의 정의, 입장 설정, 미래 계획 등의 측면에서 거의 변한 것이 없는 완전한 정지 상태가 유지되었다. 같은 맥락에서, 페미니스트들이 맞닥뜨려 온 엄청난 장벽, 즉 사회 변혁을 위한 투쟁에서 오랫동안 주변적으로 여겨졌던 자신들의 투쟁을 전면에 내세울 때 직면하는 어려움도 여전하다. 나침반의 바늘이 옴짝달싹 못 하게 된 것 같다.[52]

이 같은 저항을 통합하는 대신에, 우리는 완전히 무기력하게 대가속, 공산주의의 패배, 글로벌화-마이너스의 승리, 사회주의의 **불모화**sterilization에 굴복하고 도널드 트럼프의 당선이라는 최근의 서커스를 목격해야만 했다! 떠올리기만 해도 몸서리쳐지는 재앙들이 닥치기도 전에 말이다.

이 모든 사건이 벌어지는 동안, 우리는 전혀 약화될 기미가 없어 보이는 '사회적' 갈등과 '생태적' 갈등 사이의 대립 속에 꼼짝없이 갇혀 버렸다. 마치 뷔리당의 당나귀*처럼 배고픔과 갈증으로 죽어 가면서도 계속 어느 것을 먼저 선택할지 망설이고만 있었다. 그러나 사회가 물통이 아닌 것처럼 자연도 곡식 자루가 아니다. 마찬가지로, 벌거벗은 인간이 한쪽에 있고 비인간 객체가 반대쪽에 있는 상황이 아니다. 선택의 여지가 있는 것이 아니다.

---

*   14세기 프랑스의 철학자 장 뷔리당Jean Buridan의 윤리적 결정론을 풍자한 것이다. 목이 마른 당나귀가 건초더미와 물통이 사이에서 어떤 것을 먼저 선택하는 것이 합리적인지 고민하면서 죽어 간다는 이야기이다.

생태학은 정당 이름이 아니고 걱정거리도 아니다. 그것은
방향을 바꾸라는 외침이다. "대지를 향해!"

13

[사회주의 운동에서 생태 운동으로 이어지는] 집단 투쟁의 계주가 차단된 이유를 어떻게 설명할 수 있을까?

진보주의자와 반동주의자를 구분할 수 있게 해주었던 예전의 기준틀은 19세기 '사회 문제'가 등장했을 당시부터 사회 계급social classes이라는 개념, 즉 이른바 '생산 과정process of production'에서 계급들이 점유한 특정 위치를 바탕으로 세워졌다.

계급 대립을 줄이고, 심지어 더는 계급 개념이 무의미하다고 주장하려는 온갖 노력에도 불구하고, 정치는 이 문제를 중심으로 돌아갔다.

계급 투쟁의 개념을 적용해 공공 생활을 해석하는 것이 유효하다는 주장은 대립하는 범주의 외견상 물질적이고 구체적이며 경험적인 특성에서 기인했다. 따라서 이런 해석을 '유물론적'이라고 불렀고, 경제학이 이를 개략적으로 뒷받침했다.

이런 유형의 해석이 많은 단계를 거쳐 수정되었음에도 불구하고, 20세기 내내 널리 받아들여지고 유지되었다. 심지어 오늘날에도 (다루는 문제가 도덕적 기준인지 경제적 이슈인지에 따라 관점이 다를 수 있는데도) '앞으로 나아가는' 사람들과 '진보의 힘을 배반한' 사람들을 식별하는 데 쓰이고 있다. 우리는 대체로 마르크스주의자로 남아 있다.

만약 이러한 정의가 허공에서 헛바퀴를 돌리기 시작했다

면, 사회 계급 개념에 의한 분석과 이를 뒷받침하는 유물론이 로컬 유인자와 대립하고 있는 글로벌 유인자에 의해 또렷하게 정의되었기 때문이다.

산업화, 도시화, 식민지 점령이라는 거대한 현상은 진보에 의미를 부여하고 방향을 제시한 지평선 — 불길한 것인지 빛나는 것인지는 중요하지 않다 — 을 정의했다. 진보가 수억 명의 인류를 아직 착취에서는 아니더라도 가난에서는 벗어나게 하고 있으며, 이런 노력이 반드시 있을 해방의 길로 나아가게 할 것이라는 좋은 이유 때문이다.

우파와 좌파는, 그들의 거듭되는 착오에도 불구하고, 누가 더 굳은 결의로 근대화를 추진할 것인지, 어느 쪽이 먼저 글로벌에 도달할 것인지, 개혁을 통해 나아가야 할 것인지 아니면 혁명을 일으켜야 할 것인지를 놓고 내내 경쟁했다. 하지만 근대화 과정을 겪고 있는 사람들에게 진보가 그들을 데리고 갈 세계가 정확히 무엇인지를 설명하는 데에는 시간을 쓴 적이 없다.

그들이 예견하지 않은 것은 (사실 완벽하게 예견할 수도 있었을 테지만!)[53] 이 진보의 지평선이 그저 평범한 **지평선**으로, 단순한 조정의 아이디어로, 갈수록 모호해지는 유토피아로 조금씩 변모해 가는 가운데, 서서히 진화 중인 지구가 거기에 어떤 물질적 기반을 제공하지 못하게 될 것이라는 점이다.

이 책의 앞부분에서 언급했던 2015년 12월 12일의 사건, 즉 COP21의 결론으로 공식화되었듯이, 글로벌의 지평선을 지닌 지구는 더 이상 존재하지 않는다.

좌파가 계급에 기반한 분석으로 적과 지속적으로 맞설 수 없었다면 (이로써 자유주의의 종말을 예언한 폴라니가 왜 틀렸는지 잘 설명된다) 그 이유는 물질 세계에 대한 그들의 규정이 너무 추상적이고, (이상주의적이진 않더라도) 너무 이상적이기에 이런 새로운 현실의 문제에 대한 주도권을 꽉 잡지 못했기 때문이다.

유물론자가 되려면 물질이 있어야 하고, 행위에 대한 세속적인 정의를 내리려면 세계를 마주해야 한다. 영토를 차지하려면 지구 위에 살아야 하고, **현실 정치**Realpolitik를 배우려면 현실주의자가 되어야 한다.

하지만 고전적인 계급 투쟁 정의에 기초한 분석과 실험이 20세기 내내 진행되었음에도, 물질에 대한 정의와 세계에 대한 정의, 그리고 모든 것을 지탱하고 있는 **지구**에 대한 정의 자체의 변형이 좌파가 전혀 알아차리지 못하는 가운데 슬그머니 일어나고 있었다.

따라서 문제는 대지로 방향을 바꿀 때 요구되는 새로운 물질성과 신유물론을 참작하여, 어떻게 더 현실적인 방법으로 계급 투쟁을 정의할 수 있을까 하는 것이다.[54]

폴라니는 시장화에 저항하는 사회의 능력을 과대평가했는데, 그 이유는 인간 행위자들만의 도움 그리고 상품과 시장의 한계에 대한 그들의 인식에 기대를 걸었기 때문이다. 하지만 반란을 일으키는 행위자는 더 이상 인간만이 아니다. 폴라니는 강력한 저항의 힘이 계급 갈등에 추가되어 주요 의제를 바꿀 수 있으리라 예상하지 못했다. 분쟁의 결과는 저항자 모두가 임무를 서로 겹치는 방식으로 배열하여 투쟁에 임했을 때만 달라질 것이다.

이전에는 이른바 사회 계급이 생산 시스템에서의 위치로 구분되었다면, 이 시스템이 너무 좁게 정의되었다는 사실을 이제 알게 되었다.

물론 분석가들은 오래전부터 사회 계급에 대한 엄격한 개념 정의에 가치, 문화, 태도, 상징의 모든 장치를 추가하여 더 정제된 형태를 제시했으며, 집단들이 왜 항상 '객관적 이해관계objective interest'를 추구하지 않는지 설명했다. 하지만 '계급 문화class culture'가 '계급 이해관계class interest'에 추가된다고 하더라도, 이 집단들은 그들 주변에 영토, 즉 현실에 완전히 뿌리를 내리고 이를 자각할 수 있을 만큼 충분한 인구가 있는 장소를 가지고 있지 않다. 그들의 정의는 여전히 사회적이고, 지나치게 사회적이다.[55]

계급 투쟁 아래에는 다른 분류 방법이, 최종 심급last instance 아래에는 또 다른 사례가, 물질 아래에는 더 많은 물질이 있다.

예를 들어, 티모시 미첼Timothy Mitchell에 따르면, 석탄 기반 경제가 시간이 흐르면서 지속적인 계급 투쟁을 낳았고, 이것이 석유 기반 경제로 바뀌면서 지배 계급이 이 투쟁에서 승리하게 되었는데,[56] 사회 계급은 예전에 정의된 것처럼 노동자들이 조합을 통해 보호받는 방식 그대로 남게 되었다.

그렇다. 하지만 **영토로 정의된** 계급은 이런 방식으로 계층화될 수 없다. 광부들이 채광을 막고, 관리자의 손길이 닿지 않는 탄광 깊은 곳에서 조직을 만들고, 광석 폐기물 야적지slag heaps 근처에서 일하는 철도 노동자들과 동맹을 맺고, 상사의 창문 아래에서 시위하도록 자신들의 아내를 내보내는 모든 행위들이 멀리 있는 몇몇 국외 거주 기술자들에 의해 통제된 석유와 함께 사라진다. 이 기술자들은 쉽게 부패할 수 있는 소수의 엘리트로부터 지시를 받으며, 그들의 제품은 빠르게 수리 가능한 송유관을 통해 순환한다. 석탄 기반 경제에서는 잘 보이던 적들이 석유 기반 경제로 바뀌자 보이지 않게 되었다.

미첼은 노동자 투쟁의 '공간적 차원'을 강조하는 것에 만족하지 않는다. 그것은 불변의 진리처럼 뻔한 말이다. 그는 석탄이나 석유와의 유대가 지구, 노동자, 기술자, 회사에 어떤 작용을 하는지 바로 그 기제의 구성에 주목한다.[57] 더구나 역설적인 결과를 도출한다. 전후 시대 이후, 국가들은 석유 덕분에 물질적인 한계 없이 무엇이나 할 수 있다고 믿는 경제의 통치를 받게 되었다!

계급 투쟁은 지리-논리geo-logic에 의존하기 때문이다.

접두어 'geo-'의 도입이 150년 전통의 마르크스주의나 유물론의 분석을 쓸모없게 만드는 것은 아니다. 정반대로, 이 접두어에는 사회 문제를 다시 들추어 보고 새로운 지정학 속에서 그것을 심화하는 기능이 있다.[58]

사회 계급의 투쟁 지도地圖에 따라 정치 활동에 관해 이야기할 거리가 점점 더 줄어들고 있다. 분석가들이 사람들은 "더는 계급의 이해관계를 따르지 않는다"라고 불평할 정도로 이 지도는 더 이상 유효하지 않다. 이제는 지리-사회적 장소의 투쟁struggles of geo-social loci에 대한 지도를 제작해서, 이 장소의 실

제 이해관계가 무엇인지, 누구와 동맹을 맺고, 누구를 상대로 싸우는지 등을 밝혀내야 할 것이다.[59]

19세기가 사회 문제의 시대였다면, 21세기는 새로운 지리-사회적 문제의 시대이다.

만약 지도를 바꾸지 못한다면, 좌파 정당들은 메뚜기 떼가 습격하고 난 후의 관목처럼 보일 것이다. 불태우는 데에만 쓸모 있을 칙칙한 잔해 말고는 아무것도 남아 있지 않게 된다.

새로운 계급을 정의하고 여러 갈래로 갈라진 이해관계의 갈등을 추적하게 해줄 새로운 원칙을 찾기 위해서는, 물질의 정의·생산 체계·사회 계급은 물론 생태 투쟁을 규정하는 데 쓰인 시공간의 기준점까지도 모두 불신하는 법을 배워야 한다는 것이 어렵다.

사실상 근대 시기의 특이한 점 중의 하나는 전혀 물질적이지도 않고 영토적이지도 않은 물질의 정의를 쓰고 있다는 것이다. 근대인들은 전혀 작동시켜 볼 수 없었던 현실주의에 자부심을 느낀다. 자기 행성의 온도가 평균 3.5도 상승하도록 무심코 내버려 둘 수 있거나, 아무도 눈치채지 못하게 하고 동료 시민들에게 여섯 번째 멸종의 대리인agent 노릇을 떠맡길 수 있는 사람을 어떻게 유물론자라고 부를 수 있을까?

이상하게 들리겠지만, 근대인들이 정치에 관해 이야기할 때, 도대체 어떤 실제적인 틀에서 상황을 설정하고 있는지 아무도 모른다.

요약하자면, 레닌이 말하던 "구체적 상황에 대한 구체적 분석"은 충분히 구체적이지 않다. 생태학은 사회주의자들에게 항상 이야기해 왔다. "조금 더 노력하세요, 유물론자 여러분, 진실로 유물론자가 되기 위해서는!"

14

계급 투쟁의 노병과 지리-사회적 갈등의 신병이 합쳐지지 않는 결정적 이유는 — 혁명전쟁의 상황에서처럼 — 두 집단이 생각한 '자연'의 역할이 달라서이다. 정말로 관념이 세상을 이끈 사례 중 하나로 볼 수 있다.

근대인들은 '자연'에 대한 특정 관념을 가지고 지구를 차지했다. 그들은 근대인 외의 다른 사람들이 자신들의 영토를 다른 방식으로 점거하는 것을 막았다. 정치의 판형을 짜기 위해서는, 자신의 관심과 능력을 이어 줄 대리인들agents이 필요한데, 정치 행위자가 사회 밖에 있어서 작용할 힘을 박탈당한 객체object와는 동맹을 맺을 수 없기 때문이다. 이 딜레마는 프랑스 자디스트Zadist들의 구호에서 확인할 수 있다. "우리가 자연을 수호하는 것이 아니라, 우리가 자연이고 자신을 수호한다."[60]

객체에 부여된 외부성exteriority은 경험으로부터 주어진 것이 아니라 특정한 정치-과학사political-scientific history의 결과이다. 정치가 작동할 여지를 더 만들어 내기 위해 이 점을 간략히 살펴볼 필요가 있다.

과학의 문제가 핵심이라는 것은 대지를 조사하면 확실히 알 수 있다. 과학 없이 신기후체제에 대해 무엇을 알 수 있겠는가? 과학이야말로 기후변화 부정론자들의 주요 목표물 아니었나?

    그러나 우리는 아직도 과학의 문제를 어떻게 다루어야 할지 제대로 이해해야 할 필요가 있다. 일반 인식론을 통째로 받아들인다면, 다시 '자연' 관념의 포로가 될 것이다. 이 관념은 의심할 수 없는 객관적인 자연의 법칙이라는 매력으로 인간의 행동을 제한하기 위해 고안되었기에 더욱 정치화하기 힘들다. 한쪽엔 자유, 다른 쪽엔 엄격한 필연성. 자연 관념은 두 가지 방법을 모두 가질 수 있게 한다.[61] 우리가 인간이 아닌 다른 행위자의 행위력에 의지하고 싶을 때마다, 똑같은 반대 논리에 맞닥뜨릴 것이다. "생각조차 하지 마라. 이것들은 단지 객체일 뿐, 반응할 수 없다." 데카르트가 동물은 고통을 느낄 수가 없다고 말한 것처럼.

    하지만, '자연'과 인간의 관계를 설정하는 데 있어서 더 친밀하고 더 주관적이며 더 뿌리 깊고 더 글로벌한 ─ 그 자체로 더 '생태적인' ─ 방법을 고안하여, '과학적 합리성'에 반대할 수 있다고 주장한다면, 두 전선에서 모두 패배할 것이다. 실증적 지식에 기여할 기회를 박탈당한 채, 전통적으로 내려온 자연의 관념만 붙잡고 있게 될 것이다.

    우리는 과학의 온전한 힘을, 그 힘에 붙어 있던 자연의 이데올로기는 털어 버리고, 확신할 수 있어야 한다. 우리는 유물론자이면서 합리적이어야 하고, 이러한 자질들을 올바르게 써야 한다.

    그런데 대지는 글로브가 아니라는 것이 어려운 점이다. 이 두 현장에서 같은 방식으로 동시에 유물론자이면서 합리적일 수는 없다.

무엇보다 글로벌을 추구하는 과정에서 합리성이 얼마나 오용되었는지를 깨닫는 것이 중요하다. 그렇지 않고서 무턱대고 합리성을 칭송하는 것은 옳지 않다.

물과 땅으로 이루어진 글로브가 인간 행위에 대해 어떤 반응을 보일지 지난 200년 동안 '생각하길 잊은' 근대화 프로젝트를 어떻게 '실제적'이라고 할 수 있을까? 자원 고갈의 예측이 주요 임무였건만 그 부족을 산출해 내지도 못한 경제학 이론을 어떻게 '객관적'이라고 받아들일 수 있을까?[62] 수십 년 이상 지속할 방법을 디자인에 반영하지 못한 기술 시스템에 대해 어떻게 '효능'을 논할 수 있을까? 너무나도 예측이 틀려서 부모가 자식에게 거주할 세상을 물려주기조차 어려울 정도로 형편없는 문명의 이상을 '합리주의적'이라고 부르는 것이 맞을까?[63]

합리성이라는 단어가 약간 무서운 말이 된 것은 전혀 놀랍지 않다. 소위 합리적인 사람은 어떤 사실을 이해시키고자 하는 대상이 된 일반인들을 두고 그들이 사실에 가치를 두지 않는다고 비난하는데, 그전에 다음을 상기하자. 만일 그들이 전혀 상식적이지 않은 것으로 보인다면, 그것은 바로 그들이 철저하게 배신당해 왔기 때문이라는 것을.

'현실적' '객관적' '효율적' '합리적' 등의 단어들이 가지고 있는 긍정적 의미를 회복하기 위해서는, 이것들이 명백히 실패한 글로벌에서 대지 쪽으로 방향을 돌려야 한다.

이 방향의 차이를 어떻게 정의할 수 있을까? 둘은 유인자로서의 기능은 거의 같지만, 다른 점이 있다. 글로벌은 모든 것을 멀리 떨어져서 이해하는데, 마치 그것들이 사회 외부에 있고 인간 일에 완전히 **무관심한** 것처럼 간주한다. 대지는 같은 구조를 근거리에서 파악하는데, 그것들이 집합체 내부에 있어 인간 행위에 민감해 바로 반응하는 것으로 본다. 과학자들이 지면에 발을 디딜 완전히 다른 두 가지 방법이다.

이것은 새로운 **지식에 대한 열정**_libido sciendi_이며, 정치적 정동의 회복과 방향 전환에 필수적인 은유와 감수성을 새롭게 퍼뜨리는 방법이다.

글로벌은 글로브의 어형 변화로 보아야 하는데, 이 변화로 글로벌로의 접근이 뒤틀리는 결과가 초래됐다. 무슨 일이 일어난 것인가?

지구를 여러 행성 중의 하나로, 본질적으로 유사한 형체들의 무한한 우주에 담긴 것으로 파악하는 ― 혁명적인 ― 관념은 근대 과학의 탄생에서 그 기원을 찾을 수 있다. 이것을 간단히 **갈릴레오적 객체**Galilean object[64]의 발명이라 할 수 있다.

이러한 행성적 사고의 진보는 거대했다. 지도 제작자의 글로브, 즉 초기 지구과학의 글로브를 정의하고, 물리학도 가능하게 한다.

불행하게도 이 점은 왜곡하기 매우 쉽다. 어떤 사상가들은 **지구적 관점**에서 이 행성을 무한한 우주에 있는 낙하체 중의 하나로 파악할 수 있다는 사실로부터, 이 행성에서 벌어지는 일을 이해하기 위해 **우주적 관점**을 가상으로라도 사용할 필요가 있다는 결론을 내린다.

지구로부터 먼 곳에 접근할 수 있다는 사실은 지구도 먼 곳에서 접근해야 한다는 의무로 이어진다.

이런 결론을 반드시 따라야 하는 것은 아니다. 실제로 (이 결론이 도출된) 조건의 모순을 생각해 봐야 한다. 바로 사무실, 대학, 실험실, 실험 기구, 아카데미 등, 간단히 말해 지식 생산과 검증의 전 과정은 옛 대지의 흙을 떠난 적이 없다는 점이다.[65] 연구자들이 그들의 생각을 아무리 멀리 보낸다고 하더라도, 그들의 발은 항상 굳건히 진흙을 밟고 있다.

하지만 우주적 관점이란 비전은 ― '무無에서의 시선'은 ― '합리적' 심지어 '과학적'이란 용어들을 든든히 뒷받침해 주는 새로운 상식이 되었다.[66]

이제부터는 바로 이 머나먼 외부Great Outside의 관점에서 오래된 원시 **지구**를 이해하고 저울질하며 평가하게 될 것이다. 가상에 불과했던 것이 위대한 사상가나 일반인 모두에게 흥미진진한 프로젝트가 되어 간다. 안다는 것은 외부로부터 아는 것이다. 모든 것을 시리우스Sirius의 관점에서 ― 아무도 접근할 수 없는 상상의 시리우스로부터 ― 봐야만 하는 상황이다.

더군다나, 행성으로서 **지구**를 무한한 우주의 일부로, 즉 수많은 물체 중의 하나로 승격함으로써 실증 과학에서 파악한 여러 종류의 운동 전체를 단지 몇 개의 운동 법칙의 틀 안에 ― 과학혁명 초기에는 단순히 낙하운동만으로 ― 가두어 버렸다.[67]

하지만 **지구** 내부에서 보면 이곳에는, 그렇게만 설명하기는 어려운 다른 형태의 운동들이 많이 있다. 발생, 탄생, 성장, 생명, 죽음, 부패, 변모 등 모든 범주의 **변형**에 대한 객관적 지식을 얻는 것이 서서히 복잡해지고 어려워졌다.

외부를 통한 우회는 '자연'이라는 개념에 아직 벗어나지 못한 혼란만을 가져왔다.

16세기까지 이 개념은 여러 종류의 운동 전체를 — 어원적으로 라틴어 *natura*, 그리스어 *phusis*가 발생, 초래, 절차, 사물의 과정 등으로 번역될 수 있듯이 — 포함할 수 있었다. 이제, 자연이라는 단어는 외부에서 본 운동이라는 하나의 의미만으로 쓰이게 되었다. '자연과학'이라는 표현에 있는 자연도 바로 그런 의미이다.

만약 이 용어가 우주과학에만 사용되었다면, 즉, 기구와 계산이라는 매개 수단에 전적으로 의존해서 지표면에서의 시점에서 알 수 있는 무한한 공간을 연구하는 데에 제한되었다면, 아무 문제가 없었을 것이다. 그러나 여기서 더 나아가라는 요구, 바로 우주과학과 똑같은 방식으로 지구상에서 일어나는 모든 것에 대해 관찰자가 멀리 떨어져 있어야 하는 것처럼 이해하려는 욕망이 존재해 왔다.

우리는 실증 과학만으로 충분히 이해할 수 있는 일련의 현상들을 눈앞에 두고 있었는데도, 수많은 과학자는 일종의 가학적인 금욕주의의 마음가짐으로 의도적인 거리두기를 했다. 쉽게 접근할 수 있는 모든 운동 중에서 오로지 시리우스에서 볼 수 있는 것만을 골라내기 시작한 것이다.

모든 운동은 자유낙하 모델을 따라야 했다. 이것은 실제 메커니즘 작동에 관한 정확하지 않은 생각에서 기인한 잘못된 은유 덕분에 '기계적' 세계관이라 불리게 되었다.[68]

다른 모든 운동은 의심의 대상이 되었다. **지구**의 내부와 표면 위에서 고려된 것들은 과학적일 수 없었다. 그들은 정말로 자연화naturalized될 수 없었다.

이런 연유에서, 멀리서 보았지만 확실한 지식과 가까이 있으나 현실성을 상실한 상상 사이에 고전적 분열이 나타난다. 이것은 최악의 경우 단순한 동화이고, 잘해 봐야 존중은 받되 검증할 수 없는 고대 신화에 불과하다.

만약 행성이 결국 대지에서 떠나게 되었다면, 우주의 관점에서 본 자연이 **지구**의 관점에서 본 자연을, 즉 발생의 모든 현상을 파악했고 파악할 수 있었으며 계속해서 포함해야만 할 자연을, 조금씩 ― 덮어 버리고 쫓아내는 방법으로 ― 대체하기 시작한 것과 같은 상황이 벌어졌기 때문이다.

거창한 갈릴레오적 발명이 모든 공간을 잠식해 버렸다. 시리우스에서 지구를 보는 것이 실증적으로 알아야 할 수많은 것 중에 아주 작은 부분에 불과함을 ― 무한한 우주가 포함된다고 하더라도 ― 잊게 함으로써 말이다.

그것의 불가피한 결과로 우리는 지구에서 일어나는 일을 점점 더 적게 보게 되었다.

어쩔 수 없이, **지구 행성**의 합리성 또는 비합리성에 대한 수많은 환상이 만들어지는 가운데, 우리는 시리우스의 관점으로 바라보느라 수많은 사건을 놓칠 위험에 처해 있다!

만약 지난 3~4세기 동안 지상에 묶여 있는 사람들이 아무런 오류도 깨닫지 못한 채 붉은 행성인 화성에 있다고 상상했던 그 모든 괴기한 것들을 떠올려 본다면, 이와 마찬가지로 지난 3~4세기 동안 사람들이 시리우스의 관점에서 지구 문명을 보며 점쳐 온 운명이 오류로 점철되어 있다고 해도 놀랍지 않다!

합리성의 이상을 논하지만, **지구**와 지구에 속한 것들에 제기된 비합리성의 비난과 별다를 것이 없지 않은가? 너무 많은 망상, 너무 많은 녹색 치즈의 달, 너무 많은 화성의 운하….

15

실재적인 것(외적이고 객관적이며 알 수 있는 것)과 내적인 것(비현실적이고 주관적이며 알 수 없는 것) 사이의 분리는, 앞서 밝힌 근대화의 고약한 벡터 상에 겹쳐 놓이지 않았다면, 아무에게도 위협적이지 않거나, 단순히 여기 아래의 현실을 잘 모르는 학자들의 과장으로 치부되었을지 모른다.[69]

바로 이 지점에서 글로벌이라는 단어의 긍정적 의미와 부정적 의미가 완전히 갈라진다.

주관적 측면은 고풍스럽고 구시대적인 면과 연결되고, 객관적 측면은 현대적이고 진보적인 면과 연관된다. 내부에서 사물을 보는 것은 전통적이고, 친밀하며, 고풍스럽다는 점 외에는 아무런 가치가 없는 것으로 간주된다. 반대로 외부에서 사물을 보는 것은 중요한 현실을 파악하는 유일한 방법이며, 무엇보다도 미래로 향하는 유일한 방법이 된다.

바로 이 철저한 분리가 글로벌을 근대성의 지평선으로 보는 환상에 예전부터 그래왔던 것 같은 일관성을 부여했다. 그때부터 사람들은 가상으로라도 입장을 바꾸어야만 했다. 마치 누군가가 한 장소에 머무르는 와중에도 가방과 짐을 옮기며 다니듯이, 자신의 견해를 주관적이고 민감한 위치에서 전적으로 객관적이며 궁극적으론 모든 감수성, 아니 감상적인 면을 배제하는 쪽으로 바꿔야 했다.

여기 이 지점에서 글로벌과는 달리 필연적으로 반응을 보이며 회고적이고 향수를 불러일으키는 로컬의 모습이 대조된다(**그림1** 참조).

'무한한 우주로서의 자연' ― 새롭게 정의된 자연 ― 에 근접하기 위해서는 예전부터 '자연'이라는 용어에 담겨 있던 '과정으로서의 자연'에 대한 감수성을 지워야만 했다. 즉 근대에서의 진보는 원초적 땅과의 관계를 끊어 버리고 광활한 외계 Great Outside로 나아가는 것, 즉 자연적이지 않다면 적어도 [새로운 자연관을 주창하는] 자연주의자가 되는 것을 의미했다.[70]

출산의 은유를 낯선 방법으로 비틀어 표현해 본다면, 오래된 형태의 발생 관념에 더 이상 의존하지 않아야 "비로소 근대성의 자식으로 태어날 수 있다"는 것이다.

페미니스트들이 마녀재판 분석에서 보여 주었듯이, 전통적으로 여성과 연계된 수많은 가치에 대한 증오는 이러한 비극적인 탈바꿈에 기인한 것이며, 예전부터 물려받은 땅에 대한 모든 형태의 애착을 기괴한 것으로 만들어 버렸다.[71] 어떤 형태든 땅에 기반을 두려는 유혹에 저항하는 모습은 마치 [17세기 프랑스 코미디에 나오는] 위선자 타르튀프Tartuffe 사제가 자신을 초대한 주인의 딸에게 "아가씨, 가슴을 가리시오"라고 말하는 것과 다르지 않았다.* 그 이후로 객관성이라는 용어는 젠더

---

* 「타르튀프」는 17세기 베르사유에서 초연된 프랑스 희극이다. 주인공 타르튀프는 겉으로는 독실한 신앙인이지만 돈과 여자, 음식에 탐욕적인 위선자를 나타낸다. 라투르는 땅에 대한 탐욕적인 마음을 품으면서 겉으로는 자연을 초월하여 객관적으로 보는 것이 근대의 상징인 것처럼 말하는 근대인을 풍자하기 위해 이 희극을 가져왔다.

화됐다.

이 거대한 추방 — 단 하나의 진정한 거대한 추방Great Dis-placement[72] — 은 전 세계에 부과될 것이고, 그러면 '과정으로서의 자연'이란 오래된 관념을 고수하려는 마지막 흔적들이 지속적으로 박멸되는 가운데 글로벌화–마이너스의 풍경이 펼쳐질 것이다.

이것이 바로 [거대한 추방이란] 표현이 내포하는 의미이다. 이미 유행이 지나간 말처럼 들리지만, 여전히 진보, 발전, 미래가 언급될 때마다, 예컨대 "우리는 지구촌을 근대화하여 하나로 묶을 것이다"와 같은 말이 나올 때마다 메아리친다.

누군가가 '자연'을 말할 때 그것이 너무 멀리 떨어져 있거나, 가깝게 있어도 그것에 대한 감정만 표현되는 상황이 벌어진다. 이것은 행성적 관점과 대지적 관점 사이에서 벌어진 혼란의 결과이다. 행성적 관점은, 사물을 '공중에서' 보는 것인데, 이 관점은 항상 변해 왔고 인류보다 더 오래갈 것이며, 신기후체제를 중요하지 않은 요동 정도로 간주할 수 있다. 대지적 관점은 이런 종류의 거리감을 허용하지 않는다.[73]

따라서 왜 땅에 대한 집착을 둘러싼 갈등을 아주 정확히 기술하는 것이 불가능한지, 그리고 왜 이 두 가지 유인자를 다 아우르는 '자연' 개념을 명확히 해야 하는지 쉽게 이해할 수 있다.

소위 '생태적' 정당들이 — 그들이 "보호하겠다"라고 주장하는 — 자연에 일어나고 있는 일에 대해 사람들의 관심을 끌려고 할 때, 만일 자연이라는 용어가 '저 멀리 알 수 없는 곳에서 바라본seen from nowhere' 대상, 즉 우리 몸의 세포에서부터 머나먼 은하계로 뻗어 나갈 자연-우주를 의미한다면, 이에 대한 반응은 간단하다. "그건 너무 멀고 모호하며, 우리와 상관없어서 조금도 신경 쓰지 않아도 된다."

그 말이 옳을 것이다. 자연이란 용어가 다음과 같이 사용되는 한, '자연 정치politics of nature'와 관련된 진전은 이뤄지지 않을 것이기 때문이다. 예를 들면 지자기terrestrial magnetism 연구, 지금까지 발견된 3,500개의 외계 행성의 분류, 중력파 검출, 토양에 공기가 통하게 하는 지렁이의 역할, 곰의 재도입에 대한 피레네 양치기의 반발, 우리 내장의 박테리아가 미식의 과잉 섭취에 보이는 반응 등. 이렇게 쓰일 때 '자연'은 정말이지 잡동사니를 담은 자루 같다.

'우주로서의 자연nature-as-universe'에 유리한 방향으로 상황이 천천히 돌아가고 있는 것에 대해서는 더 논의할 필요가 없다. 여기서 정치적인 것을 만들어 낸다는 것은 완전히 불가능하다. 이런 종류의 존재 — 갈릴레오적 객체 — 를 지리-사회적 분쟁에서 우리를 집결시키기 위한 모델로 삼는 것은 실패를 자초하는 것이다. 그 자연을 계급 투쟁에 동원하려는 것은 [인공물인] 콘크리트에 발을 디디면서 [자연을 위한] 시위 행진에 나갈 준비를 하는 것과 같다.

어느 정도 사실적으로 대지의 상황을 그리기 위해서, 또한 객관적이고 이성적이며 효과적인 묘사를 시작하기 위해서, 우리에게는 정말이지 과학이 필요하다. 그러나 이전과는 관점을 달리하는 과학 말이다.

다시 말해, 과학 용어를 잘 알기 위해 시리우스까지 올라갈 필요는 없다. 마찬가지로 냉철한 지식에 감정을 더하기 위해 합리성을 회피할 필요도 없다. 궁극적으로 아주 가까이에서 얻을 수 있는 **지구**an Earth의 가열된 활동에 대해 가능한 한 냉정한 지식을 습득하는 것이 필수다.

16

분명히 '가열된 활동heated activity'의 의미가 관건이다. 자연-우주의 관점에서 볼 때, 지구의 행위성agency은 마치 주관적인 착각처럼, 이를테면 단순히 인간의 감정을 무감각한 자연에 투영하는 것으로 이해하기 쉽다.

일찍이 17세기에 경제학자들이 '자연'을 고려하기 시작했을 때, 그들은 그것을 단순히 '생산 요소'로, 말하자면 우리의 행동에 완전히 무관하고 무심한 자원, 마치 지구와는 관계없는 목표를 추구하는 외부인이 멀리서 획득해도 되는 것처럼 받아들였다.

우리가 생산 체계라고 부르는 것에서는, 노동자와 자본가와 같은 인간 행위자와 기계, 공장, 도시, 기업식 농업 등 인위적 인프라를 식별할 수 있었지만, (시리우스 관점으로 볼 때) '자연적'인 것으로 인식되어 온 존재들을 이와 같은 수준의 매개자나 행위자, 활력을 갖춘 활동의 주체로서 받아들이는 것은 불가능했다.

다른 것 모두가 이런 존재들에 의존하고 있어 그것들이 어쩔 수 없이 반응하리라는 것이 어렴풋이 느껴지지만, 문제는 다음과 같다. '우주로서의 자연' 관점이 '과정으로서의 자연' 관점을 완전히 가려 왔기 때문에, 이러한 자원을 다룰 수 있었던 사람들이, 때론 걱정에 휩싸여 용어나 개념, 방향을 잃은 채 방치되어 있었다는 점이다.

물론 다른 민족들의 기록 보관소를 뒤져서 '자원'이나 '생산'의 관념에 전혀 때 묻지 않은 태도, 신화, 의식들을 발견할 수 있다. 그러나 이렇게 발견한 것은 그 시점에서는 예전 형태의 주관성의 흔적으로만, 근대화의 전선에서 되돌릴 수 없을 정도로 뒤처져 버린 낡은 문화로만 받아들여졌다.[74] 증언은 정말 감동적이었지만 민속 박물관에나 적합하다고 여겨졌다.

이제 와서야 이 모든 관습이 미래의 생존법을 배우기 위한 소중한 모델이 되고 있다.[75]

과학과의 관계도 변할 수 있다. 이른바 자연과학 중에서 '과정으로서의 자연'(*natura* 또는 *phusis*)에 초점을 맞춘 분야가 우주에 집중하는 것과 세심히 구분될 수 있다면 말이다. 후자는 다수의 대상 중의 하나로서 행성을 다루지만, 전자에게 지구는 그 자체로 완전히 단일한 대상이다.

명확히 대조해 보기 위해, **갈릴레오적 객체들**로 이루어진 세계를, 같은 세계이지만 **러브록적 행위자**Lovelockian agents라 부를 수 있는 것으로 구성된 세계와 비교해 보자(갈릴레오의 이름을 대표적으로 쓰는 것처럼, 관련한 여러 학자의 긴 계보를 간단히 표기하기 위해 제임스 러브록의 이름을 사용하자[76]).

'우주로서의 자연'에 대한 과학을 고수하는 사람들은 러브록과 같은 생화학자들의 주장을 심각하게 오해해 왔다. 러브록은 지구상의 생명체를 행성의 화학적 조건과 심지어는 지질학적 조건을 만드는 과정에 완전히 관여하는 행위자로 간주할 필요가 있다고 본다.[77]

만일 생명체가 우리가 숨 쉬는 공기의 구성에 영향을 준다면, 대기는 더 이상 생명체가 존재하고 진화하는 단순한 환경으로 볼 수 없다. 그것은 부분적으로 생명체 활동의 결과이기 때문이다. 다시 말해 한쪽에 유기체가 있고 다른 한쪽에 환경이 있는 것이 아니라, 양자에 의한 공동 생산coproduction이 있을 뿐이다. 행위성은 재분배된다.

지상 현상의 진화에서 생명체의 역할, 즉 그들의 행위력을 이해하는 데 겪는 어려움은 초기 생명 현상을 이해하는 데에서도 재현된다. 시리우스에서 본 인간 행동을 해석하는 어려움은 말할 것도 없다.

사실상, 낙하체의 모델을 운동의 보편적 척도로 삼는다면, 다른 모든 움직임, 동요, 변형, 개시, 결합, 탈바꿈, 과정, 얽힘, 중첩 등은 기괴하게 보일 것이다. 이들을 파악하려면, 고대의 천문학자들이 행성의 움직임을 포착하기 위해 주전원epicycle이라는 개념을 발명했을 때보다 더 많이 상상해야 할 것이다.

지상 현상을 이해하기 위해 러브록이 도입한 단순화를 지구에 '생명'을 불어넣었다거나 지구를 '살아 있는 유기체'로 만들었다고 생각해서는 안 된다. 이와는 달리 생명체가 생화학적이고 지질화학적인 현상의 적극적인 참여자라는 점을 **부정하지 않기로 한** 것에 주목해야 한다. 그의 환원론적인 주장은 [생명 현상은 물리·화학적 요인이나 법칙만으로는 설명할 수 없고 고유의 생명 원리에 따른다는] 생기론vitalism과는 정반대이다. 그는 인과 사슬을 따라 개입하는 행위자 대부분을 제외하는 방식으로 행성을 **비활성화**하는 것을 거부한다.[78] 그 이상도 이하도 아니다.

이러한 러브록의 접근법을 받아들여야 할 필요는 없다 하더라도, 자연과학을 우리의 생존에 필요한 모든 활동을 포함한 것으로 인식할 때 정치적 방향 전환이 가능해진다.

물리 법칙은 시리우스와 지구에서 동일하게 적용되지만, 같은 결과를 낳지는 않는다.

갈릴레오적 객체를 모델로 하여 우리는 자연을 '개발할 자원resource to exploit'으로 간주할 수 있겠지만, 러브록의 행위자를 모델로 삼으면 그런 환상을 키워 봐야 소용없다. 러브록의 객체는 행위성을 가지고 있고, 처음에는 화학적, 생화학적, 지질학적으로 반응할 것이기 때문에, 어떤 압력에도 불활성 상태가 유지될 것이라고 믿는 것은 순진하다.

말하자면, 경제학자들은 자연을 생산의 한 요소로 만들 수 있지만, 러브록이나 이와 관련해 훔볼트*를 읽은 사람은 그렇게 생각하지 않을 것이다.[79]

갈등 구도는 다음과 같이 요약할 수 있다. 시리우스 관점으로 사물을 계속 바라보면서 지구 시스템이 인간의 행동에 반응하는 것을 감지하지 못하거나 혹은 이것이 가능하다고 믿지 않는 사람들이 있다. 그들은 여전히 지구가 신비롭게 시리우스에 빛을 보내기를, 행성 중의 하나로 다뤄지기를 바라고

---

* 알렉산더 본 훔볼트Alexander von Humboldt는 프로이센의 과학자로 18세기 말과 19세기 초 세계 탐험을 통해 근대 지리학의 기초를 세운 인물이다. 그의 책『코스모스』는 동식물의 분포와 지리적·기후적 요인과의 관계를 설명했다. 라투르는 훔볼트를 러브록과 마찬가지로 생명체와 그 물리적 환경 사이의 상호의존성을 강조한 인물로 보고 있다.

있다.[80] 근본적으로 지구상에 고통과 반응을 보일 수 있는 **생명체**가 존재함을 믿지 않는다. 이와 달리, 과학에 굳건히 기반을 두는 가운데, 자신과 얽혀 있는 인과관계 전반에 걸쳐 행동, 생기, 행위력이 배분되는 것이 어떤 의미인지를 이해하려는 사람들이 있다. 전자는 (적극적으로 부패에 가담하는 것이 아니라면 거리 두기에 취향을 가진) 기후 회의론자들이고, 후자는 **활동 중인 행위자의 수와 본성**에 관한 질문을 피하지 않으려는 사람들이다.

17

지리-사회적 갈등을 서술하는 작업은, 과학과 이성 없이는 결코 할 수 없다. 게다가 경험 과학의 영역을 넓히는 동시에 제한하는 일도 해내야 한다. 경험 과학은 발생의 모든 과정을 포괄하도록 확장되어야 하며, 이로써 연구하려는 대상의 행위성을 선험적으로 제한하는 것을 피해야 한다. 하지만 경험 과학에도 일정한 제약이 주어져야 한다.

특히, 일부 연구자들이 임계영역Critical Zones이라고 부르는 것과 관련된 과학에 집중하는 것이 중요하다.[81]

우주에서 바라본다면, 제3의 유인자인 대지에 대한 지식은 거의 모두 놀랄 정도로 작은 영역인 대기권과 기반암基盤岩 사이의 몇 킬로미터 두께에 한정되어 있다. 이를테면, 생물막, 광택 필름, 피부, 수없이 포개져 있는 층들과 같은 것이다.

자연 전반에 대해 원하는 만큼 말하고, 우주의 광활함에 경외감을 느끼고, 행성 내부의 끓고 있는 중심부에 상상으로나마 다이빙해 보고, 그 무한한 공간 앞에서 두려움에 숨도 제대로 쉬지 못하는 것, 이것들은 우리와 관련된 모든 것이 아주 작은 임계영역에서 일어난다는 사실을 바꾸지 않는다. 이점이 우리에게 중요한 모든 과학의 출발점이자 반환점이다.

이런 이유로 실증 지식의 장에서 임계영역에 관련된 것에만 제한적으로 논의할 필요가 있으며, 지구상의 갈등을 이야기할 때마다 우주 전체의 무게에 짓눌리는 어리석음을 피할 수 있을 것이다.

정치철학에서는 이런 구분을 유지할 다른 좋은 이유가 있다. '우주로서의 자연'의 과학은 분명히 지구에 대한 것을 연구하지만 기기, 모델, 계산 등의 매개체를 통해서만 알 수 있는 먼 곳의 현상을 다룬다. 여기에 일반인들이 대안을 제시한다거나 연구의 질을 의심한다는 것은 말도 되지 않는다. 과학자들의 연구 결과에 대해 아예 관심을 두지 않을 권리는 있지만, 일반적으로는 전문가들이 설명하는 것을 배우는 상황을 받아들인다.

임계영역에서 '과정으로서의 자연'을 다루는 과학과 관련해서는 상황이 전혀 다르다. 여기서 연구자들은 자신들이 선험적으로 부정할 수 없는 지식 체계와 경쟁해야 하는 상황을 마주하게 된다.[82] 그들은 그 영역에 거주하는 ― 벌어지는 일에 관심을 두지 않아도 되는 특권도 없고 그럴 가능성도 전혀 없는 ― 행위자들agents 하나하나와 갈등을 겪게 된다.

블랙홀이나 자기장 전도에 대한 대안적 비전을 관철하려고 뛰어드는 사람은 거의 없을 것이다. 그러나 토양, 백신, 지렁이, 곰, 늑대, 신경전달물질, 버섯, 물 순환, 공기의 구성 요소와 관련해서는, 아주 작은 연구도 곧장 해석의 전면전에 놓이게 될 것이다. 임계영역은 학교 교실이 아니다. 연구자와 대중 사이의 관계는 결코 일방적으로 가르치고, 배우는 것이 아니다.

이 점에 대해 여전히 의구심이 남아 있다면, 기후에 대한 허위 논란을 보라.[83] 어느 대기업이 힉스 보손Higgs boson 입자의 검출에 대한 무지를 퍼뜨리기 위해 한 푼이라도 돈을 썼다는 말을 들어 본 적은 없다. 그러나 기후변화에 대한 부정은 전혀 다른 문제이다. 이를 뒷받침하려는 자금이 홍수처럼 몰려든다. 대중의 무지는 엄청난 투자를 정당화할 정도로 중요한 상품이 된 것이다.[84]

다시 말해, '과정으로서의 자연'에 대한 과학은 '우주로서의 자연'의 과학과 같은 다소 고상하고 중립적인 인식론을 가질 수 없다. 후자를 지켜 온 철학은 전자에 도움을 주지 않는다. 논쟁에서 벗어날 희망이 전혀 없는 '과정으로서의 자연'에 대한 과학 분야는 그들에게 관심 ― 큰 관심 ― 을 갖는 모든 것에 저항하기 위해 스스로 조직을 만드는 편이 더 나을 것이다.

중요한 정치적 포인트는, 인간 행동에 대한 지구의 반응이 지상 세계가 갈릴레오적 객체로 이루어졌다고 믿는 사람들의 눈에는 하나의 일탈로 보이고, 러브록적 행위자가 벌이는 사건의 연속으로 생각하는 사람들에게는 자명한 것으로 보인다는 점이다.

이를 받아들인다면, 제3의 유인자가 '우주로서의 자연'이 의미하는 '자연', 글로브나 글로벌로 상상됐던 자연과 큰 관련이 없다는 것을 이해할 수 있다.

그러므로 대지를 통해서만 임계영역의 과학으로 밝혀지는 행위자들의 연합된 행동을 이해할 수 있다. 이 행위자들은 상충하는 이해관계를 가진 수많은 상대와 정통성과 자율성을 두고 투쟁하며 모두 서로 다른 실증 지식 체계를 가지고 있다. 그야말로 대지는 '인간 세계' 또는 '사회'만큼이나 '자연'과도 다른 세계를 그리고 있다. 세 가지 모두 정치적 실체이지만 같은 식의 토지 점유나 '토지 수탈행위land-grabbing'의 결과를 낳지는 않는다.

이 새로운 세계를 발견하기 위해서는 다른 심리적 장비, 즉 글로벌로 나아가는 데 쓰는 것과는 다른 지식에 대한 열정 *libido sciendi*이 필요하다는 것을 알 수 있다. 무중력을 통한 해방을 목표로 삼는 것은 쟁기질, 즉 땅을 파는 과정을 통해 해방을 얻으려는 것과 같은 덕목을 요구하지 않는다. 모든 한계와 모든 코드를 극복해서 혁신을 이루는 것은 이러한 한계로부터 이익을 거두어 혁신하는 것과 같지 않다. 진보의 행진에 대한 축하는, 글로벌로 향할 때와 인간의 행동에 대한 지구의 반응을 안중에 두는 문제에 있어 '결정적인 전진'을 위해 나아갈 때, 같은 의미일 수 없다.

두 경우 모두 실증 지식 체계를 갖추었지만, 같은 식으로 과학적 탐구와 연구를 하지 않으며 같은 실험실과 실험기기를 사용하는 것은 아니다. 마찬가지로 같은 연구자들이 두 가지 유인자 각각을 향해 나아가는 것도 아니다.

이런 구분이 갖는 전략적 이점은 혁신, 사업, 발견의 정신과 일정한 연속성을 확보할 수 있다는 것인데, 이런 연속성은 잠재적 우방으로 볼 수 있는 근대인을 절망으로 몰아가는 것을 피하고자 한다면 없어서는 안 되는 깃이나. 혁신의 정신은 유지되지만 이제 다른 이슈에 적용된다.

우리 앞에 펼쳐진 기간은 실로 '위대한 발견'의 새 시대지만, 예전처럼 원주민들을 몰아내고 이룬 신세계의 대규모 정복이나 초-신-근대성hyper-neo-modernity의 형태를 향한 황급한 비행과는 다르다. 그 발견은 수천 겹으로 된 지구 속 깊은 곳까지 파고 들어가야만 가능하다.

마술 주머니 속에 한 개 이상의 속임수를 품고 있는 지구 와 ― 우리는 열광과 공포 속에 이를 바로 알아챈다 ― 인간의 행동에 대해 제3자의 위치를 취하고 있음을 넌지시 암시하고 있는 지구. 이 두 가지 경우 모두, 전통적인 근대의 원동력을 유지하기 위해서는 넘어서야 하는 문제가 있다. 다른 금기를 어기고 다른 헤라클레스의 기둥Pillars of Hercules을 통과해야 하 는 문제다.

18

'자연'에서 대지로 관심을 바꾸면, 기후 위협이 나타난 이후 정치적 입장을 얼어붙게 하고 이른바 사회 투쟁과 생태 투쟁 사이의 연대를 위태롭게 했던 '단절disconnect'에 종지부를 찍을 수 있다.

이 두 투쟁 사이의 새로운 관계 정립은 **생산 시스템**system of production에 초점을 둔 분석에서 **생성 시스템**system of engendering에 집중한 분석으로의 전환과 연관되어 있다. 무엇보다도 전자의 시스템에서는 자유가, 후자의 시스템에서는 의존성이 주요 원칙이라는 점에서 두 분석은 서로 다르다. 그다음으로 차이가 나는 것은 인간의 역할이다. 전자에서는 인간에게 중심적 역할을 부여했지만, 후자에서의 인간은 분산된 역할 중 하나를 맡는다. 마지막으로, 운동(변화)의 원인을 찾기 위해 전자는 메커니즘을 후자에서는 발생genesis을 분석한다는 점에서도 다르다.

생산 시스템은 자연에 대한 특정 관념인 유물론materialism과 과학의 역할에 기반을 두고 있었다. 이는 정치에 다른 기능을 부여했고 인간 행위자와 자원 사이의 분리에 근거를 두었다. 그 기저에는 인간의 자유가 각자의 재산에 분명한 한계를 그을 수 있는 자연환경에서 구현된다는 생각이 있었다.

생성 시스템은 서로 다른 독특한 반응 능력을 갖춘 매개자, 행위자, 활성체animated being 모두가 부딪치는 상황을 만든다. 이것은 생산 시스템과 같은 물질성의 개념에서 출발하지 않고, 같은 인식론을 가지고 있지 않으며, 같은 형태의 정치로 이끌지 않는다. 생성 시스템은 자원을 사용해서, 인간을 위한 제품을 생산하는 것이 아닌 '대지의 것들terrestrials'의 생성에 — 인간만이 아니라 대지의 모든 것들의 생성에 — 관심을 두고 있다. 이것은 상호의존성을 일으키는 일 — 즉, 활성체는 경계 제한 없이 계속 중첩되며 그들 사이에 끼워 넣기를 계속하기 때문에 특히 어려운 작업 — 에 기초한다.

두 시스템이 충돌한다면, 또 다른 권위가 나타나 예전의 문제를 모두 다시 제기하게 하고, 해방 프로젝트만이 아닌 새롭게 재발견된 의존의 가치를 출발점으로 삼게 하기 때문이다.

의존성은 처음엔 해방 프로젝트를 제한하고 다음엔 복잡하게 만들고 그런 다음 재고하게 하여 궁극적으로는 이를 증폭한다. 마치 새로운 변증법적 피루엣pirouette*을 통해 헤겔식의 프로젝트를 다시 뒤집는 것처럼.[85] 마치 영혼의 육화가 끝나지 않고 계속되는 것처럼.

근대화 또는 글로벌화-마이너스의 유토피아를 제공할 행성(정확히는 임계영역)이 존재하지 않는다고 하는 주장에서 강조되어야 하는 것은 바로 이 새로운 형태의 의무다. 우리가 어떻게 기존의 '자연적' 제한과는 다른 제약을 부과하는 또 다른 힘과 마주하고 있다는 사실을 부정할 수 있겠는가?[86]

이 같은 권위의 충돌이야말로 모호주의 엘리트들이 80억

---

*   발레에서 한 발로 빠르게 회전하는 것.

120

명의 다른 사람들과 — 적어도 말로는 그들의 안위가 자신들의 큰 걱정거리라고 말하면서도 — 행성을 더는 공유하지 않겠다고 결정했을 때 잘 파악하고 있던 것이다. 이들은 새로운 권위로부터 자신의 나쁜 짓misdoing을 숨기려 했지만, 결과적으론 그 권위를 드러내 보인 것 아닌가?[87]

똑같은 모순이 2015년 12월 12일 파리기후변화협약이라는 외교적 형태로 발생했다. 각국의 대표단들은 "그렇다면 우리 모두의 개발 프로젝트를 위한 세계는 존재하지 않는 것 아닌가?!"라고 중얼거렸던 것이다.

과연 어떤 힘이 175개국이 서명하게 할 수 있었을까? 통치권의 형태가 아니었다면, 이들이 각자 한발 물러서 동의하도록 만들 수 있었을까? 이것이 각국의 통치자 위에 군림하고 그들로부터 아직은 애매한 형태의 적법성legitimacy을 위임받은 힘이 아니라면, 무엇이라 불러야 할까?

바로 똑같은 모순을 인류세 용어가 — 인류세의 시작점과 정의에 대해서는 논란의 여지가 있더라도 — 압축적으로 보여준다. "지구 시스템은 당신의 행위에 반응하기 때문에, 이젠 근대화의 욕망을 품을 안정되고 중립적인 체제는 존재하지 않는다." 이 개념을 둘러싼 갖가지 논란에도 불구하고, 지질시대에서 인류를 뜻하는 'Anthropos'라는 접두사에는 실제로 모든 행성적인 질문을 재정치화repoliticization하는 징후가 있다. 마치 '인공Made by Humans'이란 표지가 예전부터 내려온 모든 자연 자원에 붙어 있었던 것처럼 말이다.[88]

이 점이 마침내 명확해진 때가 트럼프가 백악관의 로즈가

든에서 승리에 도취한 듯 미국이 파리협약에서 탈퇴하겠다고 선언한 그날이다. 이 선언은 미국이 이산화탄소를 배출할 권리를 가지고 있으며, 군대의 투입 없이 이산화탄소로 다른 모든 국가를 점령하려는 전쟁 선포와 다름없다.

이에 대해 다른 서명국들에게 수천 킬로미터 떨어져 있지만 대기의 구성에 영향을 주고 있는 미국이 실제로 침범하는 것은 아니라고 말해 보시길! **지배권**right to domination을 새롭게 표현한 **국민 생활권**Lebensraum이란 이름이 등장했다.

정치사政治史는 모순들이 만들어 간다는 것을 받아들인다면, 생산 시스템과 생성 시스템 사이의 모순에 기름을 부은 것은 (매우 오래된 것이긴 하지만 최근에 형태를 갖춘) 새로운 권위에 대한 의존임을 알 수 있다.

이 두 가지 시스템의 차이점 중에는 인간의 역할도 있다. 이는 새롭게 등장한 권위가 행사된 직접적인 결과로 볼 수 있다. 한 세기 동안 사람들은 자연에 대한 문제를 다루기 위해서 인간중심주의를 포기해야 하는지 아니면 역으로 인간이 중심에 남아 있어야 하는지의 결정을 두고 — 마치 어느 정도의 '근본 생태론deep ecology'과 어느 정도의 '인본주의적인' 버전 사이의 선택을 해야만 했던 것처럼 — 싸워 왔다.

물론 인간들과 그들의 이권을 위한 정치 외에 다른 정치는 없다! 이 명제는 의심된 적이 없다. 핵심 문제는 늘 인간 형태와 구성에 대한 것이었다.

신기후체제가 문제 삼는 것은 인간의 중심적 위치가 아니라 그 구성, 존재, 형체, 한마디로 운명이다. 이런 것들을 수정하려면, 인간의 관심사에 대한 정의부터 바꿔야 한다.

근대인들이 인간을 상세한 경관 어딘가에 위치시키는 것은 사실상 불가능했다. 그들에게 인간이란 용어는 (고전적인 의미로 '우주로서의 자연'에서의) 다른 물체와 마찬가지로 자연물을 뜻하거나, (마찬가지로 고전적 의미로) 영혼과 문화와 지력을 갖추었기에 자연에서 해방될 수 있는 능력이 뛰어난 존재를 가리킨다. 그러나 이 두 가지 정의 사이에서 오락가락하는 문제를 잘 해결해 인간성에 대한 안정적인 의미를 부여한 사람은 아무도 없었다.

오늘날 상황이 변하고 있다면, 그것은 기후변화가 자연에 대한 관념과 인간에 대한 관념 양쪽 모두를 선로에서 벗어나게 했기 때문이다.

인간중심주의에 대한 찬성 또는 반대의 의견 자체가 타당하지 않은 이유는 하나의 중심 또는 인간과 자연 두 개의 중심이 있어 둘 중에 하나를 선택해야 한다는 가정에 있다. 더 기이한 점은 중심을 원형으로 둘러싼 경계가 잘 정의되어 있어 다른 것들은 모두 밖에다 둔다는 생각이다. 마치 외부가 있는 것처럼!

신기후체제의 이슈는 바로 우리가 어디에 기대어 살아가야 할지 모른다는 데 있다. 탈중심화가 안건에 들어 있지 않다면 그것은 둘레가 없기 때문이다. 이는 무한한 우주보다는 지구에 관한 문제이기에, 파스칼을 흉내 내어 "중심은 아무 데나 다 있고 둘레는 어디에도 없구나"라고 말해야 한다.

이 점을 강조하기 위해 인간들humans에 대해 말하기를 그

만두고 그 대신에 대지의 것들 즉 땅에 속한 것들the Earthbound
을 언급하여, 'human'의 어원인 '흙humus', 말하자면 퇴비
compost의 속성을 역설해야 할 때이다.[89] (대지는 특정 종을 지칭하
지 않는다는 장점이 있다.)

 "우리는 땅에 속해 있고earthbound, 대지의 것들 중의 대
지의 것들이다"라고 말하는 것은 "우리는 자연에 있는 인간이
다"라고 말하는 것과는 다른 정치적 의미를 내포한다. 이 둘은 같
은 옷감 — 아니, 같은 진흙 — 에서 만들어진 것이 아니다.

 생산 시스템과 생성 시스템의 세 번째 차이점은 행위자의
수를 늘리되 동시에 행위를 자연에 귀속naturalizing behavior하지
않을 수 있는지와 관련되어 있다. 유물론자가 된다는 것은 세
계를 사물로 환원해서 생각한다는 것이 아니라, 고려해야 할
운동, 정확히는 시리우스로부터의 관점에서는 잘 관찰하기 힘
든 발생 운동의 리스트를 늘리는 것을 뜻한다.

 사실 '대지의 것들'에게는 자신이 생존하기 위해 얼마나
많은 다른 존재가 필요한지 알아야 하는 매우 민감한 문제가 있
다. 이 리스트를 만들어 그들의 거주지dwelling place를 스케치해
가는 것이다(거주지는 국가의 행정단위로 너무 자주 한정되어 쓰이는
'영역territory'이라는 단어 대신 쓸 수 있는 표현이다).

 '대지의 것들'을 따라가는 것은, 이 행위자는 무엇이고 무
엇을 원하며 무엇을 욕망하고 무엇을 할 수 있는지에 대해 엇
갈리는 해석들을 파악하는 것이다. 여기에 다른 행위자들은
무엇이고 무엇을 원하며 무엇을 욕망하며 무엇을 할 수 있는
지에 대한 해석들을 더하는 것이다. 이것은 하늘의 새뿐만 아

니라 노동자에게도, 토양의 박테리아뿐만 아니라 월스트리트 임원들에게도, 동물뿐만 아니라 숲에도 적용된다.[90] 당신은 무엇을 원하는가? 어떤 능력이 있는가? 누구와 함께 지낼 준비가 되었는가? 누가 당신에게 위협이 되는가?

그리고 이른바 '자연적' 매개자와 공감하며 조화롭게 지낼 수 있을 거라는 사고의 함정도 피해야 한다. 겹겹이 있는 이 모든 매개자에게 동의를 구하려는 것이 아니다. 그보다는 그들에게 기대어 사는 법을 배워야 한다. 환원도 아니고 화합도 아니다. 행위자 리스트는 늘어날 뿐이다. 행위자들의 이해관계는 중첩되어 서로를 잠식한다. 우리가 다른 행위자들 사이에 자리를 잡으려면 우리의 모든 탐구 능력을 끌어와야 한다.

생성 시스템에서 모든 매개자와 활성체는 자손과 조상에 관한 문제, 간단히 말해 앞으로 유지될 **혈통**을 인지하고 그 안에 자신을 끼워 넣는 문제를 제기한다.[91]

앞에서 언급한 근대인들에게 이런 작동은 대단히 반反-직관적이다. 그들은 늘 새로운 것과 오래된 것, 큰 칼로 되돌릴 수 없게 사이를 갈라놓은 것 중에서 하나를 선택해야만 했다. 여기서 과거는 길을 만들어 주었던 것이 아닌 단순히 극복되고 뒤처진 것이었다. 선택을 논하고, 주저하며 타협하여 시간을 소비하는 일은 시간의 화살을 의심하는 구식의 행태로 여겨졌다.

근대화 전선의 비뚤어진 태도는 여기서 잘 드러난다. 전통을 구식이라고 놀리면서 어떤 형태의 전수, 유산, 재유행도 차단한다. 간단히 말해, 생성을 배제한다. 이 점은 후손을 위한

125

교육, 그리고 조경, 동물, 정부, 신성에 대해서도 마찬가지이다.

생산 시스템에 엮인 인간은 유일하게 저항할 ─ 항상 너무 늦게 ─ 능력을 갖춘 존재이지만, 생성 시스템에서는 수많은 다른 반항자들이 ─ 재앙이 오기 전에 ─ 목소리를 낸다. 이 시스템에서는 관점points of view뿐만 아니라 생명점points of life도 급격히 늘어난다.[92]

생산 시스템에서 생성 시스템으로 전환함으로써, 불의에 맞서 저항할 주체를 증식하고 이로써 대지를 위한 투쟁에 나설 잠재적 우군의 폭을 상당히 늘릴 수 있을 것이다.

이런 지정학적 변화가 철학적 결정에 기인했다면 아무런 힘도 없었을 것이다. 더욱이 신기후체제 이전에는 믿기 어렵고 대단히 난해하며 종말론적으로 보였을 것이다.

말하자면, 이제부터는 인간, 영토, 정치, 문명에 대한 의미를 재정의하게 하는 고삐 풀린 매개자 덕에 혜택을 받는다.

비스듬하게 보자면 지금 상황은 단순히 모순, 즉 생산 시스템 속 물질의 역사에서도 수없이 많은 타자他者가 번성해 왔다는 것과 같은 모순이 아니라, 생산 시스템과 생성 시스템 사이의 모순이다. 단순히 경제학의 문제라기보다는 문명 그 자체의 문제인 것이다.

시스템 전환을 위해서는 경제화economization의 굴레, 지구를 응시하되 흐릿하게 만들었던 바로 그 시리우스의 관점으로부터 탈피하는 법을 배워야 한다.[93] 폴라니가 말한 바 있는 시장의 '세속적 종교'는 이 세계의 것이 아니다.[94] 그 유물론은 기후 이변이 더욱더 비물질적으로 만든 이상주의이다. 우리 자신을 위해 지구를 다시 차지하기 위해서는 이런 종류의 '외계의 것들extraterrestrials'의 침략에 대항해 투쟁해야 한다. 그들의 이해관계와 시간성은 '대지의 것들infraterrestrials' 사이에 있는 것과는 다르고, 말 그대로 어떤 존재든 세계에 내려오는 것을 막는다.

이제 책의 처음부터 주장하려던 목표를 다음과 같이 말할 수 있다. 대지는 아직 '제도화된 존재institution'가 아니지만, 근대인들이 '자연'에 부여한 정치적 기능과는 확연히 다른 역할을 하는 행위자이다.[95]

새로운 갈등들이 오래된 갈등들을 대체하는 것은 아니다. 단지 오래된 갈등들을 날카롭게 벼리고 다르게 배치하며 무엇보다도 마침내 그 갈등들을 식별할 수 있게 해줄 뿐이다. 글로벌 혹은 로컬 같은 유토피아에 속하려는 분투로는 지구에 착륙하려는 분투만큼 명확하게 밝히는 효과를 낼 수 없다.

(그런데 아마도 지금부터는 '생태학'이란 단어를 과학 분야에서 언급할 때 외에는 사용하지 않는 것이 좋으리라 생각한다. 이젠 같은 생존의 조건을 마주하고 있는 다른 '대지의 것들'과 함께 살거나 그들로부터 지켜야 하는 거주지의 문제만이 있을 뿐이다. '정치적'이란 형용사도 이제부터는 바로 이 '대지의 것들'을 지칭하는 데에만 써도 충분하다. 정치적이란 용어를 아주 오랫동안 제한했던 폴리스polis의 의미가 확장된다면 말이다.)

우리는 드디어 확실히 전쟁 상황에 들어섰다. 그러나 이것은 선언된 동시에 잠복해 버리는 위장 전쟁이다.[96] 어떤 이는 어디에서나 전쟁을 목격하고 다른 이는 완전히 못 본 척한다.

약간 과장해서 각색하면, 홀로세에 있으면서 단독으로 글로벌로의 비행이나 로컬로의 탈출을 꾀하는 근대의 인간들과, 인류세에 있음을 지각하고 아직 정치적 기관의 형태는 갖추지 못한 권위 아래에서 다른 '대지의 것들'과 함께 거주하기를 추구하는 '대지의 것들' 사이의 갈등으로 부를 수 있다.

이 전쟁은 사람 사이에 벌어지는 것이면서 동시에 도덕적인 양상을 띠며 내부로부터 우리를 갈라놓는다.

19

정치적 정동을 새로운 문제로 향하게 하려는 글의 아킬레스건은 독자가 그것을 다 읽고 나서 마땅히 다음과 같은 질문을 할 수 있다는 것이다. "모두 좋고 훌륭하다. 그 가설은 아직 증명되어야 하지만 멋져 보인다. 그런데 실제로 무엇을 하라는 말이지? 나에게 어떤 소용이 있지?"

"영속농업permaculture을 시작하라는 말인가?[97] 시위를 주도하라고?[98] 상트페테르부르크의 겨울궁전 앞에서 행진하라고? 성 프란체스코의 가르침을 따르라고?[99] 해커가 되라고? 이웃들의 모임을 조직하라고? 마녀의 의식을 재창조하라고?[100] 인공 광합성에 투자하라고?[101] 아니면 늑대들을 쫓아다니라고?[102]"

"당신은 나에게 친구와 적의 위치를 측량할 수 있는 대략적인 방법을 주었지만, 화살을 던져 그들이 어느 지점을 기준으로 가까이 가는지 멀어져 가는지 아는 것 외에는 완전히 속수무책이다."

물론 이 책의 목표가 실망을 안겨 주려는 것은 아니다. 하지만 현재 진행 중인 역사보다 책이 앞서 나가야 한다고 요구할 수는 없을 것이다. 누구나 대지를 알고 있다. ― 근대주의자의 사고방식을 버릴 것을 생각해 보지 않은 사람이 어디 있겠는가? ― 동시에 신기후체제는 제도적인 실체를 갖추고 있지못하다. 바로 이 사이에 낀 중간 위치, 이 위장 전쟁에서 우리는 전방에 동원되기도 하고 후방에서 해산되기도 한다.

대지는 동시에 비어 있기도 하고 거주되기도 하여 상황은 더욱더 불분명하다. 땅으로의 귀환을 위해 추진된 계획은 수 없이 많았다. 땅이란 용어는 어디서나 ― 과학 학술지뿐만 아니라 예술 전시에서도, 공유 자원에 대한 관심을 부활하는 데에서도, 멀리 떨어진 시골 지역에 다시 정착하는 것에서도 ― 볼 수 있었다.[103] 투표하러 가거나 언론을 훑어볼 때 ― 참고가 될 다른 좌표계가 없어서 ― 이를 몰랐을지라도 모든 것은 이미 시도되었다. 거대한 이동은 이미 시작되었다.[104]

하지만 세 번째 유인자는 아주 매력적으로 보이지는 않는다는 것도 사실이다. 너무 많이 돌봐야 하고 너무 큰 주의를 기울여야 하며 너무 시간이 많이 들고 너무 많은 외교술을 요구한다. 오늘날에도 빛나고 자유롭게 해주며 열광하게 하고 무심히 지낼 수 있게 하며 굴레에서 벗어나게 하고 영원한 젊음의 인상을 선사하는 것은 글로벌이다. 문제는 그런 것은 존재하지 않는다는 점이다. 오히려 안심시켜주고 안정감을 주며 정체성을 제공하는 것은 로컬이다. 그런데 이것도 존재하지 않는다.

이 책의 서두에서 던진 질문의 의미가 이제 바뀌었다는 사실을 알 수 있을 것이다. "정체성의 빠른 회복과 경계선의 방어 없이 보호받고 있다는 느낌을 어떻게 가질 수 있을까?" 이에 대한 답을 "근대화에서는 상충적이라고 보았던 두 개의 상보적인 움직임, 즉 한편으론 땅에 자신의 근거를 두는 것과 다른 한편으론 세계에 근거를 두는 것" 이 두 가지로 그려 볼 수 있다.

대지라고 지칭된 유인자는 — '자연'과는 확연히 구분되며 전체 행성이 아니라 임계영역이라는 얇은 생물막인데 — 서로 맞은편에 있는 땅과 세계의 것들을 끌어모은다. 여기서 땅은 로컬을 의미하지 않고 세계는 글로벌화-마이너스 또는 행성적 비전과 다르다.

이 유인자는 땅으로부터 물질성, 이질성, 두께, 먼지, 흙, 겹겹이 있는 막, 층, 그리고 필요한 돌봄과 배려를 물려받는다. 모두 시리우스의 위치에서는 볼 수 없는 것들이고, 개발이나 부동산 사업의 대상인 땅 조각과는 정반대이다. 이런 점에서 토지, 토양은 누구의 차지가 될 수 없다. 거기에 속하는 것은 있지만, 그것은 누구에게도 속하지 않는다.

이 세 번째 유인자가 세계로부터 물려받는 것도 있다. 근대화 프로젝트의 탈선과 연관된 글로벌화-마이너스의 글로벌이 아니라 아직은 활동적인 글로벌의 모습인 글로벌화-플러스로부터, 우리가 한 장소에만 머무르지 않게 하고 어느 경계 안에서만 계속 있지 못하게 하는 어떤 존재에 대한 기록을 얻을 수 있다.

땅은 우리를 어딘가에 붙어 있게 하고 세계는 떼어 놓는다. 정착은 광활한 외계에 내한 환상에서 벗어나게 하며 이주는 국경의 환상을 피하게 한다. 잘 다듬어야 할 균형 작업인 것이다.

다행히도 신기후체제에 걸맞은 새로운 역사의 매개자가 가진 특성 중 하나가 우리를 해결점에 가까이 다가가도록 한다. 로컬에서 글로벌로 — 마치 구글어스Google Earth에서처럼 연속해 줌을 할 수 있을 거라는 잘못된 생각에 ― 연쇄적으로 맞물린 여러 스케일을 차례로 옮겨 가는 것은 불가능하다.[105]

　대지의 갈등 지역을 활성화하는 존재를 국가, 지역, 민족과 같은 정체성과 관련된 경계 안에 다시 묶어 놓는다거나 이런 지역적 갈등에서 뒤로 물러나 '글로벌 수준으로 이동해' 지구 '전체'를 파악하려고 하는 것 모두 말도 되지 않는다. 스케일의 전복과 시공간 경계의 파괴가 대지를 정의한다. 이 힘은 모든 곳에 동시에 작동하지만 통합하지는 않는다. 물론 정치적이지만 국가주의적이지는 않다. 한마디로 공기적atmospheric이다.

　바로 이 실천적인 의미에서 대지는 정치를 재조직한다. 거주지의 구성에 관여하는 존재는 각자 무엇이 로컬이고 무엇이 글로벌인지 알아내고 다른 것들과 얽힘을 정의하는 자기만의 방식을 가지고 있다.

　이산화탄소는 도시 교통 시스템과 같은 식으로 공간화하지 않는다. 대수층帶水層[지하수를 품고 있는 지층]은 조류 독감과 같은 의미로 지역적이지는 않다. 항생제는 이슬람 테러리스트와는 꽤 다른 방식으로 세계를 글로벌화 한다.[106] 도시는 국가와 같은 종류의 공간이 아니다. 카옌Cayenne이란 이름의 개는 여주인 도나 해러웨이를 그녀가 기대하지 않았던 방향으로 가게 한다.[107] 잘 알려져 있듯이 석탄 기반 경제는 석유 기반 경제와는 다른 모습의 투쟁을 일으킨다. 이런 예는 많다.

　글로벌과 로컬 때문에 우리는 대지를 인지하는 데 불필요한 비용을 치르게 된다. 현재의 절망적인 상태가 여기에 기인한다. 너무 크고 동시에 너무 작은 문제를 어떻게 다룰 것인가? 실로 암울하다.

무엇을 할 것인가? 먼저 대안적 서술을 만들어 내야 한다. 우리를 위해 지구에 있는 것들을 센티미터마다, 존재마다, 사람마다, 목록을 만들고 검사하고 측량하지 않고 정치적으로 행동할 수 있을까? 이런 일을 하지 않고도 시의적절한 견해를 내고 괜찮은 가치를 옹호할 수 있겠지만, 우리의 정치적 정동은 허공을 휘돌 것이다.

눈에 보이지 않게 된 거주지를 다시 서술해야 한다고 제안하지 못하는 정치는 부정직하다. 서술의 단계를 생략할 수는 없다. 프로그램을 제안하는 것보다 더 뻔뻔스러운 정치적 거짓말은 없다.

정치에서 그 실체가 빠져 버렸다면, 제대로 표현되지 못한 바닥으로부터의 불만들이 맨 위에서 너무 일반적이고 추상적인 형태로 표현되어 둘 사이에 아무런 공유점이 없어 보이기 때문이다. 묘사 부족으로 정치가 비난받는 일은 놀랄 것이 못 된다.

활성체 중에 무엇이 생존 조건을 정확히 서술할 수 있을까? 글로벌화-마이너스는 이 작업을 사실상 불가능하게 한다. 사실 이것이 주 목적이기도 하다. 생산 시스템을 이해하기 어렵게 만들어 이젠 반대 시위의 빌미를 주지 않겠다는 것이다.

그러므로 지리-사회적 투쟁이 벌어지고 있는 곳의 경관을 잘 재현하려는 목적으로 분석할 것을 풀어놓는 초기 과정의 제안이 ― 이것들을 다시 주워 담아 재구성하기 전에 ― 중요하다. 어떻게? 늘 그랬듯이, 아래서부터의 조사를 통해 말이다.

이를 위해서는 거주지를 '대지의 것'이 자신의 생존을 위해 기거하는 곳이라고 정의하고 다른 어떤 '대지의 것들'이 거기에 함께 기거하는지 물어보는 데 동의해야 한다.

이 영역이 기존의 법적 공간적 행정적 지리적 구획과 일치할 것 같지는 않다. 오히려 그 설정은 시공간의 모든 스케일을 넘나들 것이다.

'대지의 것'이 거주지를 정하기 위해서는 생계를 위해 무엇이 필요한지, 그것과 관련하여 무엇을 지킬 준비가 되어 있는지, 필요하면 목숨을 걸고서라도 방어할 것이 무엇인지 목록을 만들어야 한다. 이것은 박테리아뿐만 아니라 늑대에게도, 삼림뿐만 아니라 회사에도, 가족뿐만 아니라 신에게도 모두 유효하다. 목록에 들어가야 할 것은 '대지의 것'의 재산인데 ― 재산이란 단어가 내포하는 모든 의미를 포함하여 ― '대지의 것'은 이 재산을 빼앗기면 흔적도 없이 사라질 정도로 그것에 소유되고 좌우되는 상태에 있다.

그런 목록을 만드는 것이 확실히 힘든 일이다. 여기에서 생산 프로세스와 생성 프로세스의 모순이 극명하게 드러난다.

생산 시스템에서는 목록을 만들기 쉽다. 투입된 노동자와 자원을 고려하면 된다. 생성 시스템에서는 이를 구성하는 매개자, 활성체, 행위자 모두가 고유의 궤적과 이해관계를 가지고 있기에 일이 훨씬 더 어렵다.

영역은 사실 단일한 형태의 매개자에게 한정되지 않는다. 여기에는 멀리 있든지 가까이 있든지 활성체의 모든 조합이 포함되고, 이들의 존재가 영역의 생존을 위해 없어서는 안 된다는 것은 ― 조사나 경험이나 문화에 의해서 ― 알려져 있다.

생존을 위해 필요한 모든 것을 철저히 찾아서 계급의 정의를 확대하는 것이 관건이다. '대지의 것'인 당신은 무엇에 가장 마음을 쓰는가? 누구와 살기를 원하는가? 생존을 위해 누가 당신에게 의존하는가? 누구를 상대로 투쟁해야만 하는가? 매개자의 중요도를 어떻게 순위 매길 수 있을까?

이런 질문을 던질 때야 우리는 비로소 자신의 무지를 깨닫는다. 조사를 시작하는 단계에서는 그 대답이 너무 추상적이어서 놀라게 된다. 그런데 생성에 대한 질문은 젠더, 인종, 교육, 음식, 직장, 기술 혁신, 종교, 레저 등 어느 영역에서나 함께 나온다. 하지만 문제는 글로벌화–마이너스는 종속의 원인과 효과에 대해 말 그대로 우리의 눈을 가려 왔다는 점이다. 그러기에 일반적으로 불평하려는 경향이 생기고 상황을 바꿀 수 있게 해줄 지렛대가 더는 없다는 생각을 품게 한다.

사람들은 주거지를 다시 서술하는 일은 불가능하고, 그런 정치지리학은 의미 없으며, 지금까지 그런 일은 없었다는 말을 할 것이다.

하지만 그 실행의 가능성을 프랑스 역사에 등장하는 **진정서**Cahiers de doléances 작성의 사례에서 찾을 수 있다. 1789년 1월부터 5월까지 삼부三部*의 탄원을 모아 국왕에게 진정서를 제출하던 제도가 있었는데, 혁명적 전환이 진행되면서 진정서

---

*   귀족, 성직자, 평민.

에 담긴 불만과 고충들이 정치 체제 전환에 대한 질문들로 바뀌었다. 예컨대 그것은 왕정이냐 공화정이냐와 같은 문제를 제기하는 기회가 되었다. 구체적으로 말하자면, 진정서 작성은 모든 서술이 하나로 합쳐져 전체화의 문제totalizing question라는 정치Politics의 고전적 개념이 나오기 전에 시행되었던 제도였다. 정치에 대한 이런 관점을 오늘날 우리는 다시 맞닥뜨리고 있다. 바로 자본주의를 어떻게 다른 체제로 바꿀 것인가라는 엄청나고 충격적인 질문을 던지면서 말이다.

재정난과 흉년의 상황에서 구석에 몰린 왕의 요청으로, 단 몇 달 만에 나라의 모든 마을, 도시, 회사, 말할 것도 없이 삼부는 각자의 생활환경을 규제마다, 구획마다, 특권마다, 조세마다 상당히 정확히 서술해 냈다.[108]

이런 서술은 물론 오늘날보다는, 일상적으로 만나는 사람들 중 특권층을 어렵지 않게 알아볼 수 있었던 시기에, 그리고 한눈에 생존을 보장해 주는 ― 아주 적확한 의미에서 기근을 면하게 해주는 ― 영토를 볼 수 있었을 때 더 쉬웠다.

하지만 그 역시 위업 아닌가! 프랑스 학생들은 아직도 바스티유 감옥 습격과 발미Valmy 전투 서사에 흥분할 수 있겠지만, 서술의 독창성, 탄원의 지정학도 마찬가지로 위대한 것이다. 단지 몇 달 만에, 총체적 위기에 마음이 동하고, 출판된 모델에 자극을 받아, 무능력하다는 말을 들어 온 평민도 개혁을 목적으로 벌인 영토 분쟁에서 자신을 서술하고 대표할 수 있음을 증명해 보였다. 평민으로 존재하는 것과 자신의 거주지를 기술할 수 있다는 것은 결국 같은 것이었는데, 이것이 바로 글로벌화-마이너스가 우리에게서 빼앗아 간 능력이다. 정치적 통일체body politic가 없는 것처럼 보였던 이유는 영토를 가지지 못했기 때문이다.

이 에피소드는 밑바닥에서부터 거주지의 서술을 다시 시작하려고 할 때 본보기가 될 수 있다. 이는 적어도 프랑스에서는 재현된 바 없다는 점에서 더 깊은 인상을 줄 수 있다. 혁명 전 시기 이후로 정치에서 물질적 문제가 이 정도로 상세한 수준에서 한 번도 다뤄지지 않았다는 것이 어떻게 가능한가? 우리가 이전 사람들보다 우리의 이해관계, 요구사항, 불만을 더 잘 정의할 능력이 없다는 말인가?

만일 이런 이유로 정치에서 실체가 모두 빠져 버린 것처럼 보인다면, 완전히 다시 시작할 수는 없을까? 글로벌화가 여기저기 구덩이를 파놓아서 우리의 근거지를 찾기 힘들다 하더라도, 오늘날 예전만큼이라도 할 수 없다는 것은 믿기 힘들다.

글로벌 유인자의 실종으로 (인간뿐만 아니라) '대지의 것들'의 생존 전망에 큰 지장이 초래된 것이 사실이라면, 우선적으로 활성체에 관한 서술을 재개해야만 한다. 어쨌든 해볼 만한 실험이다.

현 상황에서 놀라운 일은 박탈을 경험한 사람들이 자기 자신들과 자기 이해관계를 대변해 줄 다른 이의 부족으로 느끼는 혼동과 상실감의 정도이다. 그리고 이들이 ─ 이동한 사람들과 머무르는 사람들, 이민 간 사람들과 남아 있는 사람들, 스스로 '토착민'이라고 부르는 사람들과 외국인으로 느끼는 사람들 ─ 모두, 마치 발아래 안정적으로 살만한 땅이 없어 어디론가 피난처를 찾아야 하는 사람들처럼 같은 방식으로 행동하는 정도도 놀라울 뿐이다.

대지 유인자의 출현과 서술이 과연 정치적 행동에 의미와 방향을 부여할 수 있을지가 — 세계 질서라고 불리던 것을 파괴하고 로컬을 향해 황급히 비행하는 재앙을 미연에 방지하면서 — 의문이다. 세계 질서가 있으려면 현황을 점검해서 어느 정도 공유할 만한 세계가 먼저 있어야 한다.

2018년 중반 현시점에서 방관자들은, 또는 적어도 상황에 약간 예민한 사람들은 괴로움을 숨기지 않고 또 다른 1914년 8월을, 국가 간 자살 행위 — 이번에는 유럽에 한정되지 않고 전 세계적인 — 를 피할 수 있을까 염려한다. 여기에 우울증의 구덩이가 너무나도 깊게 파여 있어 — 즐겁고 열광적으로 — 국가들이 거기에 갑자기 빠져 버리는 것은 아닐지 우려된다.

이번에는 아무도 미국의 뒤늦은 지원을 기대할 수 없다.

138

20

현황 점검을 재개하자고 외치고 나서 내가 누구인지 소개하지 않는다면 꽤 무례하게 보일 수 있겠다.

나는 지방 중산층 집안 출신의 학자이다. 베이비붐 세대로 정확히 대가속에 해당하는 시기에 살아 왔고, (글로벌화-마이너스보다는) 글로벌화-플러스의 혜택을 많이 입었다. 그렇지만 포도주 — 골Gaul족이 정착했을 때부터 생산하여 글로벌화했다고 하는 부르고뉴Bourgogne 포도주를 말한다 — 상인의 아들로 자랐기 때문에 땅에 근거를 두고 있음을 잊지 않을 수 있었다. 의심할 여지없이 나는 특권층에 속한다. 따라서 내가 지리-사회적 갈등에 대해서 말할 자격이 없다고 결론지을 독자도 있을 수 있다.

나를 붙들어 매는 많은 것 중에서 좀 더 정확하게 묘사하고자 하는 것이 두 가지 있다. 하나는 임계영역에 관한 연구로, 앞으로 출판할 계획이 있다.[109] 다른 하나에 관해 이야기하면서 이제 내 성찰을 마무리하고자 한다.

착륙한다는 것은 필연석으로 어떤 장소에 내려옴을 뜻한다. 다음 내용은 함께 살아가고자 하는 사람들과 하는 매우 위험한 외교적 협상의 개막으로 보아도 된다. 내 경우에 착륙하고 싶은 곳은 바로 유럽이다.

¶

유럽이라는 구대륙Old Continent의 지정학적 상황은 영국이 빠져나가기로 했을 때부터, 그리고 트럼프 이후로 신세계New World가 근대성의 이상으로 1950년대의 버전 같은 것을 채택해 경직되기 시작했을 때부터 변했다.

그 변화의 방향은 이렇게 불러도 될지 주저하게 되지만 유럽 고향 땅European homeland을 향한 것이다. 이 말에 대해서는 나중에 다시 언급하겠다. 유럽이 혼자라는 말은 맞다. 오직 유럽만이 자기 역사의 실타래를 풀 수 있다. 유럽은 1914년 8월을 겪었고, 거기에 유럽 밖의 다른 세계를 끌고 들어왔기 때문이다. 글로벌화에 대항해서, 또한 민족적이고 종족적인 경계로 회귀하는 것에도 대항해서 말이다.

유럽의 결핍은 그 강점이기도 하다. 단순히 생산production만이 아니라 생성engendering에 관해서 이야기할 때, 구대륙이라는 것이 이젠 단점이라기보다는 장점으로 작용한다. 이는 우리가 계승transmission이라는 문제를 새롭게 다룰 수 있게 해주고, 우리에게 근대에서 현대the contemporary로 넘어갈 수 있을지도 모른다는 희망을 준다.

그것은 관료주의라고 불리는, 규제와 각종 술책으로 이루어진 '브뤼셀'의 유럽이다. 법적으로 만들어진 것이기는 하지만, 유럽연합은 국민국가nation state만이 사람들의 안전을 보장하고 보호할 수 있다는 한때 널리 퍼져 있던 관념에 대한 가장 흥미로운 대응 중의 하나이다.

유럽연합은 믿기 힘든 규모의 큰 땜질을 통해 다양한 국가들의 이해관계가 겹치고 포개지는 수없이 다양한 방식을 구체화해 왔다. 생태계의 복잡성에 필적할 정도로 세밀히 얽혀 있는 규정들로 길을 제시한다. 이는 모든 경계에 걸쳐 나타나는 생태학적 변이ecological mutation에 접근할 때 필요한 경험과 똑같은 종류이다.

영국이 유럽연합에서 탈퇴하면서 직면하고 있는 어려움은 이 조직이 얼마나 독창적으로 구성되었는지 보여 준다. 왜냐하면, 유럽연합은 침투 불가능한 국경으로 주권의 경계선을 긋는다는 관념 자체를 복잡하게 만들었기 때문이다. 그렇다면 여기서 한 가지 문제에 대한 답이 나온다. 만약 국민국가가 오래된 옛 소속감에서 벗어나는 근대화의 벡터였다면, 이제는 단지 로컬의 또 다른 이름에 불과하다. 국민국가는 더 이상 거주에 적합한 세계를 가리키는 이름이 아니다.

유럽 대륙은 자민족중심주의ethnocentrism라는 죄를 지었고 세계 지배를 주장해 왔으니 그 크기를 줄여 "한 지방으로 만들어야provincialized" 한다는 말이 있다.[110] 그러나 이런 지방화는 오히려 오늘날의 유럽을 구원하고 있다.

페터 슬로터다이크Peter Sloterdijk는 유럽이 제국을 분명히 포기한 국가들을 회원으로 하는 클럽이었다고 말한 적이 있다. 브렉시트 지지자, 트럼프에게 투표한 사람, 터키인, 중국인, 러시아인이 제국주의적 지배의 꿈을 계속 품으라고 그냥 놔두자.[111] 만약 그들이 여전히 지도 제작법적cartographic 의미로 영토를 지배하기를 꿈꾼다면, 그들이 지구를 지배할 수 있는 확률은 우리가 지구를 지배할 수 있는 확률보다 높지 않다는 것을 우리는 안다. 실상 오늘날의 지구는 그들이나 우리 모두 다 지배하고 있다.

유럽은 글로벌한 공간 안에서 자신의 영향력이 약해졌다는 것을 알고 있다. 아니, 유럽은 더 이상 세계 질서에 명령을 내릴 수 없다. 그렇지만 거주할 수 있는 곳의 재발견이 무엇을 의미하는지에 대해 예시할 수 있다.

어쨌든, 지도 제작의 수단으로 그려진 공간이라는 의미에서의 글로브를 발명했다고 주장하는 것은 분명 유럽이다. 매우 강력한 — 지나치게 강력한 — 좌표계로 유럽은 다양한 형태의 생명체를 기록하고 보전하며 저장할 수 있었다. 이것이 공통 세계에 대한 최초의 표현이었다. 단순화되기는 해도 공통의, 민족중심주의적이긴 해도 공통의, 그리고 객체화되기는 해도 공통의 세계를 말한다.

나 자신을 포함해 많은 이들이 세계를 이처럼 지도 제작자의 통합적인 비전에서 바라보는 것을 비판해 왔다. 그런데 이 비전이 외교적 노력을 재개할 수 있게 한 초기 협상 틀을 마련해 주었다는 것도 사실이다.

유럽이 글로브를 계속 장악하지 못하고 손에서 빠져나가게 하여 글로벌이 되게 했다는 사실 때문에, 유럽에 특별한 책임이 있다. 이 프로젝트를 '탈-글로벌화de-globalize'하고 온전성을 복원하는 일은 유럽에 달려있다. 결국, 유럽은 자신이 하나의 모델이 되었던 국민국가의 주권sovereignty을 재정의해야하는 책무를 지게 되었다.

그렇다. 자신이 세계를 '지배'할 능력이 있다고 믿었을 때, 유럽은 위험했다. 그러나 유럽이 생쥐처럼 왜소해져서 역사로부터 숨으려 한다면 더 위험하지 않을까? '다시 부르다'라는 뜻의 단어인 소환recall에 담겨 있는 의미를 비추어 생각할 때, 유럽은 자신이 만든 모습의 근대성을 소환해야 하는 소명 vocation으로부터 어떻게 벗어날 수 있겠는가? 자신이 저지른 바로 그 범죄 때문에 유럽의 왜소화는 가능한 선택이 아니다.

유럽이 저지른 범죄 중에서 가장 심각한 것은 여러 장소, 영토, 나라, 문화에 자신의 것을 심고 뿌리내릴 수 있다고 믿은 것이다. 이 과정에서 필연적으로 유럽은 '문명'의 의무라는 미명 하에 각 해당 지역 거주자들을 제거하거나 그들의 생활양식을 유럽식으로 교체해 버렸다. 우리가 알다시피 바로 이 범죄가 글로브의 이미지와 과학적 방식을 가능케 했다.

그러나 그 범죄조차 또 다른 자산으로 볼 수 있다. 이로써 유럽의 순결함innocence과 같은 생각, 다시 말해, 과거와 단절하여 새롭고 다른 역사를 만들 수 있다거나 역사로부터 영원히 도피할 수 있으리라는 관념에서 벗어날 수 있게 되었다.

만약 최초로 통합된 유럽이 석탄, 쇠, 철강에 기반하여 아래로부터 만들어졌다면, 두 번째로 통합된 유럽도 역시 아래로부터 더 소박한 물질이자 다소 내구성이 있는 토양을 기반으로 나올 것이다. 최초로 통합된 유럽이 전쟁 후 논의되는 것처럼 수백만 난민displaced people들이 공유할 집을 주기 위해 만들어졌다고 한다면, 두 번째로 통합된 유럽은 오늘날의 난민들에 의해 그리고 그들을 위해 만들어질 것이다.

근대화로 생겨난 깊은 구렁을 다시 보고 있지 않다면, 유럽은 의미가 없다. 이것이 바로 성찰적 근대화reflexive moderni-zation라는 관념의 가장 큰 의미이다.[112]

어쨌든, 유럽은 다른 의미에서 성찰할 것이 또 있다. 바로 글로벌화가 초래한 문제이다. 만약 이것이 잊힐 위험에 처했다면, 난민들의 이주 현상은 유럽이 자신의 과거 행위로부터 도피할 수 없음을 일깨워 줄 것이다.

유럽의 식자층은 분개한다. 어떻게 이렇게 많은 사람이 유럽의 경계를 넘어 건방지게 "우리의 공간"에 정착하고 "자기 집처럼 편히 지낼 수 있는가?" 이민 반대론자들은 이 시대에 앞서, '위대한 발견' 이전과 식민화 이전에 그리고 탈식민화 이전 시기에 대해서도 이런 질문들을 던졌어야 했다. 거대한 교체Great Replacement를 두려워하는 집단이라면, 애초부터 '처녀지virgin lands'를 자신의 생활양식으로 바꾸는 일을 시작하지 말았어야 했다.

마치 유럽이 잠재적 이주민들과 100주년 기념 협정을 맺은 것과 같다. 우리는 허락 없이 당신들 땅으로 갔다. 당신들은 묻지 않고 우리 땅으로 올 것이다. 일종의 주고받기다. 여기서 벗어날 방법은 없다. 유럽은 모든 민족을 침략했으며, 이번에는 모든 민족이 유럽으로 오고 있다.

게다가 유럽은 경계를 넘어서려고 하는 다른 '대지의 것들'과도 협정을 맺었다. 바다의 물, 바싹 마르거나 범람하는 강, 기후변화가 엄습하기 전에 어쩔 수 없지만 가능한 한 빨리 이전해야 하는 삼림, 그리고 미생물과 기생충, 이 모든 존재 역시 거대한 교체를 열망한다. 초대받지도 않은 채 우리가 그들에게 갔으니, 이제는 그들이 초대받지 않은 채 우리에게 온다. 우리는 모든 자원으로부터 혜택을 입었다. 이제는 그 자원들이 자체로 행위자가 되어서 마치 버넘 숲Birnam Wood*처럼 그들에게 속했던 것을 다시 회복하려고 하고 있다.

오늘날 중요한 다음 세 가지의 질문이 수렴할 수 있는 곳은 부분적으로 유럽 영토 안에서이다.

우리는 어떻게 글로벌화-마이너스로부터 빠져나올 수 있을까? 인간 행위에 대한 지구 시스템의 반응을 우리가 어떻게 이해하고 대처할 수 있을까? 난민을 환영하기 위해 우리는 어떻게 조직화할 수 있을까?

그렇다고 해서 비유럽인들이 이런 일을 하지 않을 거라는 뜻은 아니다. 단지 유럽은 그 역사 때문에, 가장 최초로 책임을 져야 하므로, 제일 먼저 달려들어야 한다는 뜻이다.

그렇지만 어떤 유럽을 말하는가? 유럽인이란 누구인가? 어떻게 섬세한 표현인 '거주지'가 영혼이 없는 관료적 기제 bureaucratic mechanism와 연계될 수 있을 것인가?

유럽이 영혼 없는 곳이라고? 이 얼마나 크나큰 오해인가! 유럽에서는 수십 개의 언어가 사용 되고 있으며, 피난처를 찾아 유럽으로 온 사람들의 경우까지 합치면 수천 개의 언어가

---

* 셰익스피어의 희곡 「맥베스」에 나온 이야기. 맥베스는 버넘 숲이 움직이지 않는 한 자신은 패배하지 않을 것이라는 이야기를 듣는다. 그러나 나중에 적군이 버넘 숲으로 와서 큰 가지들을 꺾어 위장하고 진격하자 패배한다.

사용되고 있다. 북쪽에서 남쪽까지, 동쪽에서 서쪽까지, 유럽은 수백 개의 다양한 생태계를 포함한다. 모든 곳에서, 땅의 모든 부분에서, 모든 거리에서, 유럽은 각각의 거주자를 다른 모든 거주자와 연결했던 전투의 흔적들을 지니고 있다. 유럽에는 도시들이 있다. 얼마나 대단한 도시들인가! 유럽은 호화로운 도시로 이루어진 군도群島다. 그 도시들을 보라. 당신은 왜 사람들이 자기 지역을 떠나 유럽의 도시에, 심지어 그 주변부에라도 살 기회를 잡으려 하는지 이해할 수 있을 것이다.

유럽은 가능한 모든 방법을 통해 주권의 한계 및 주권이 주는 혜택을 짜 맞추고 풀어놓았다. 여러 세기 동안 유럽은 민주주의의 결실을 누려 왔다. 유럽은 자신을 세계라고 오해하지 않을 정도로 충분히 작고, 좁은 지표면 일부에 자신을 제한시키지 않을 정도로 충분히 크다. 유럽은 부유하다. 믿을 수 없을 만큼 부유하고, 그 부는 아직 완전히 유린되지 않은 땅이 있어 보장된다. 그 이유 중 하나는 이미 알려져 있듯이 유럽이 다른 곳을 침략하고 짓밟았기 때문이다!

거의 믿기지 않을 정도로 유럽은 전원 지역, 자연경관과 행정 조직, 심지어 아직 해체되지 않은 몇몇 복지국가를 보존해 왔다.

유럽이 가진 또 다른 이점은 그 악행과 관련이 있다. 경제를 행성 차원까지 확장해 보았기 때문에, 거기에 완전히 중독되는 문제를 피할 수 있었다. 경제화economization는 근대화와 비슷하다. 그것은 수출을 장려하는 독과 같은데, 유럽인들은 이에 대해 미묘한 해독제로 자신을 보호하는 데 부분적으로는 성공했다.

　유럽의 경계가 명확하지 않다고? 당신은 유럽이 어디에서 끝나는지 모르는가? 그렇지만 어디서 시작하고 어디서 끝나는지를 특정할 수 있는 대지의 유기체terrestrial organism가 과연 존재할까? 다른 모든 '대지의 것들'과 마찬가지로, 유럽은 그 나름의 방식대로 글로벌하다.

　다른 문화들은 유럽이 '퇴폐적'이라고 하면서, 자신들의 생활양식에 기반하여 유럽에 반대하는 것처럼 보인다. 민주주의 없이 살아가는 그들, 그들이 자신들의 덕목을 과시하도록 놔두자. 그리고 또 다른 사람들이 그들을 판단하도록 두자.

　이제 우리가 여기에 있다. 유럽은 자신의 역사를 다시 시작하고 있다. 유럽은 전 세계가 되기를 원했었다. 유럽은 최초로 자살을 시도했고, 그다음 한 번 더 시도했다. 그런 시도는 성공할 뻔했다. 그러고 나서 미국이라는 우산 아래에 피난처를 찾아 역사로부터 도피할 수 있을 것으로 생각했다. 그런데 미국이라는 도덕적 우산, 핵우산은 모두 접히고 말았다. 유럽은 이제 혼자이며 보호자가 없다. 지금이야말로 유럽이 역사의 지배를 상상하지 않으면서 역사에 다시 들어가야 하는, 정확히 바로 그 순간이다.[113]

　유럽은 하나의 지방인가? 좋다. 그것이 바로 우리가 요구하는 것이다. 하나의 로컬한 경험. 그렇다. 근대화 이후, 근대화로 인해 결정적으로 쫓겨난 사람들과 함께, 지구에서 살아가는 것이 과연 무엇을 의미하는지에 대한 하나의 지방적 실험이다.

　그 역사의 시작에서 그랬던 것처럼, 유럽은 다시 보편성이라는 문제를 상정하고 있다. 그러나 이번에는 다른 모든 이들에게 유럽의 편견을 강요하려고 서두르지는 않는다. 공통점을 통해 새로운 기준을 세우려 시도하고, 근대화의 폐허 속에서 살아가는 것이 오늘날의 보편적 상황이라는 점을 뼈저리게 인식하며, 거주할 만한 장소를 더듬어 찾는 일을 하는 데 있어서 구대륙만한 곳은 없다.

어쨌든, 예상치 못하게 야만 상태로 되돌아갈 수도 있는 이 순간에, 옛 서구를 구성했던 사람들이 세계 질서를 구축한다는 관념 자체를 폐기한 이 순간에, 공통의 세계라는 문제로 회귀하는 것은 사실 유구한 역사의 더 긍정적인 형태라고 볼 수 있지 않을까?

유럽이 글로브로서 파악하고자 했던 지구는 자신을 대지로 새롭게 제시하고 있다. 지구는 아무리 봐도 받을 자격은 없지만 두 번째 기회를 유럽에 주고 있다. 생태계 대격변의 역사에 대해서 가장 큰 책임이 있는 세계의 한 지역에는 꽤 잘 어울리는 기회다. 약점이 이점으로 변환된 또 하나의 경우라고도 볼 수 있다.

근거지를 찾는 모든 사람에게 유럽이 고향 땅이 될 수도 있다는 사실을 어떻게 의심하겠는가? "유럽인이 되고 싶은 사람은 누구나 유럽인이다." 나는 이에 대해, 유럽에 대해 자부심을 느끼고 싶다. 모든 주름과 이음매가 있는 유럽을. 나는 그들의 피난처인 유럽을 나의 고향 땅이라고 부를 수 있기를 바란다.

¶

여기까지 내 이야기를 마친다. 그리고 당신이 원한다면, 이제 당신의 의견을 들려줄 차례다. 당신은 어디에 착륙하고 싶은지, 누구와 함께 장소를 공유하며 살아가기로 했는지 이야기해 달라.

주(註)

1   전 미국 대통령 도널드 트럼프 사위의 발언으로, Sarah Vowell의 뉴욕타임스 (2017. 8. 8) 기사에서 인용.

2   Francis Fukayama, *The End of History and the Last Man* (New York: Free Press, 1992); 『역사의 종말: 역사의 종점에 선 최후의 인간』, 이상훈 옮김, 한마음사, 1997.

3   "신기후체제"라는 표현은 Bruno Latour, *Facing Gaia: Eight Lectures on the New Climatic Regime*, trans. Catherine Porter (Cambridge, MA: Harvard University Press, 2017 [2015])에서 제안됨.

4   프란체스코 교황의 회칙, *Laudato Si!* (Vatican: Holy See, 2015)에 분명히 나와 있듯이, 가톨릭에서는 빈곤과 생태재난의 관련성을 무시하기 위해 온갖 노력을 기울여 왔다.

5   심지어 이 문제에 무관심했던 프랑스 대통령 마크롱조차 트럼프 대통령의 발표 이틀 만에 어쩔 수 없이 #MaketheEarthGreatAgain을 소개하며 다루었다.

6   Dina Ionesco, Daria Mokhnacheva, and François Gemenne, *The Atlas of Environmental Migration* (London: Routledge, 2016).

7   Stefan Aukut and Amy Dahan, *Gouverner le climat? Vingt ans de négociciation climatique* (Paris: Presses de Sciences Po, 2015)를 보라. COP21을 위해 INDC (Intended Nationally Determined Contribution, in UN jargon)에서 준비했던 문서는 각 국가의 개발 프로젝트들을 제시한다. 다음을 참고하라. www.diplomatic.gouv.fr/fr/politique-etrangere-de-la-france/climat/paris-205-cop21/les-contributions-nationales-pour-a-cop-21(2017년 8월 7일 접속)

8   재산을 잃은 사람의 못된 보편성은 Saskia Sassen, *Expulsions: Brutality and Complexity in the Global Economy* (Cambridge, MA: Harvard University Press, 2014)에 잘 나와 있다.

9   이런 이유로 Anna Lowenhaupt Tsing이 그녀의 매우 중요한 책에서 사용한 표현인 "폐허에서 살아가는 방법을 배우기learning how to live in the

ruins"는 적절하다. *The Mushroom at the End of the World: On the Possibility of Life in Capitalist Ruins* (Princeton, NJ: Princeton University Press, 2015).

10 근대화 전선이라는 관념과 이것이 정치적 정동을 나누는 방식은 다음 책에서 자세히 기술되어 있다. Bruno Latour, *We Have Never Been Modern*, trans. Catherine Porter (Cambridge, MA: Harvard University Press, 1993 [1991]); 『우리는 결코 근대인이었던 적이 없다』, 홍철기 옮김, 갈무리, 2009.

11 Karl Polanyi, *The Great Transformation* (Boston, MA: Beacon Press, 1957 [1944]); 『거대한 전환』, 홍기빈 옮김, 길, 2009.

12 이 글에서는 다음과 같은 관습을 따른다. 소문자 "지구earth"는 인간 활동 (자연 속의 인간)이라는 기존의 틀로 사용된 용어로, 대문자 "**지구**Earth" 는 아직 정치적 실체로 완전히 받아들여진 것은 아니더라도, 우리가 인지하기 시작한 힘을 가리킨다.

13 이 역사에 관해서는 특히 다음 책을 참고하라. Paul N. Edwards, *A Vast Machine: Computer Models, Climate Data, and the Politics of Global Warming* (Cambridge, MA: MIT Press, 2010).

14 Christophe Bonneuil and Jean-Baptiste Fressoz, *The Shock of the Anthropocene: The Earth, History and Us*, trans. David Fernbach (New York: Verso, 2016).

15 Naomi Oreskes and Erik M. Conway, *Merchants of Doubt: How a Handful of Scientists Obscured the Truth on Issues from Tobacco Smoke to Global Warming* (New York: Bloomsbury Press, 2010); 『의혹을 팝니다: 담배 산업에서 지구온난화까지 기업의 용병이 된 과학자들』, 유강은 옮김, 미지북스, 2012.

16 이런 시간 설정은 꽤 애매하지만, Thomas Piketty가 *Captital in the Twenty-First Century*, trans. Arthur Goldhammer (Cambridge, MA: Harvard University Press, 2014 [2013])에서 제시한 데이터와 경제학이 생태학을 받아들이고 호의적으로 표현해 온 방식에 대한 Dominique Pestre의 매우 꼼꼼한 연구와 모순되지 않는다. 특히 Dominique Pestre의 다음의 연구를 참고하라. "La mise en économie de l'environnemnet comme régel, 1970-2010. Entre théologie écomomique, pragmatisme et hégémoniue politique," *Ecologie et*

Politique 52 (2016): 19-44. 1972년 로마 클럽 보고서에 대한 반응은 이 전체 연대기에 이정표로 쓸 수 있다. Élodie Vieille-Blanchard, "Less limites à la croissance deans un monde global. Modélisations, prospectives, réfutations," thesis, EHESS, Paris, 2011을 참고.

17   *The World Inequality Report: 2018* (Cambridge, MA:Belknap Press, 2018)에서 Facundo Alvaredo et al.은 1980년경이 전환점이었다는 것을 보여 준다. 전환점에 대해서는 David Leonhardt, "Our Broken Economy, in One Simple Chart," *The New York Times*, August 7, 2017이 아주 잘 다루었다.

18   타이태닉호 난파에서 살아남은 선박 소유주의 놀라운 심리 묘사에 대해선 Frances Wilson, *How to Survive the Titanic: The Sinking of J. Bruce Ismay* (New York: Harper. 2012) 참고.

19   David Kaiser and Lee Wasserman, "The Rockefeller Family Fund Takes on Exxon Mobil," *New York Review of Books*, December 8 and 22, 2016을 참고. 다음도 참고하라. Geoffrey Supran and Naomi Oreskes, "Assessing Exxon Mobil's Clmate Change Communications (1977-2014)," *Environmental Research Letters* 12 no.8 (2017).

20   Evan Osnos, "Doomsday Prep for the Super-rich," *The New Yorker* (January 30, 2017): https://www.newyorker.com/magazine/2017/ 01/30/doomsday-prep-for-the-super-rich. 해외에 조세회피처를 마련하는 것에 대한 충격적인 내용은 Paradise Papers를 참고하라. 2017년도 *International Consortium for Investigative Journalisn* https://www.icij.org/investigations/paradise-papers/을 참고.

21   Luc Boltanski가 보여 주었듯이, 음모론의 문제는 그것이 때때로 현실과 너무 잘 맞아떨어진다는 것이다. Luc Boltanski, *Mysteries and Conspiracies*, trans. Catherine Porter [Cambridege, UK: Polity, 2014]. Nancy MacLean의 책, *Democracy in Chains: The Deep History of the Radical Right's Stealth Plan for America* (London: Penguin Random House, 2017)을 읽으면 이를 믿고 싶은 유혹을 받을 것이다.

22   이것은 STS 학자들이 일반적으로 가지고 있는 생각이다. 예를 들어, Ulrike Felt et al., *The Handbook of Science and Technology Studies*, 4th edn, (Cambridge, MA: MIT Press, 2016)을 참고.

23 James Hoggan, *Climate Cover-Up: The Crusade to Deny Global Warming* (Vancouver: Greystone Books, 2009).

24 Naomi Oreskes와 Erik M. Conway의 짧지만 충격적인 책, *The Collapse of Western Civilization: A View from the Future* (New York: Columbia University Press, 2014); 『다가올 역사, 서양 문명의 몰락: 300년 후 미래에서 위기에 처한 현대 문명을 바라보다』, 홍한별 옮김, 갈라파고스, 2015.

25 이것이 논자들은 정치에 관해 알고 있다는 것을 뜻하지는 않는다. 지식인들이 "거대한 퇴보great regression" — 말하자면 "포퓰리즘의 발흥 rise of populism"으로 인해 받은 충격 — 을 담아 12개국 언어로 출판된 선언서에서조차, 내가 쓴 하나의 챕터만 이 질문을 다루고 있다. Heinrch Geiselberger, ed. *The Great Regression* (London: Polity, 2017) 참고.

26 Marshall Sahlins, *Culture in Practice* (New York: Zone Books, 2000).

27 Singularity University의 홈페이지를 참고. https://su.org (2017년 8월 7일 접속), 무시무시한 묘사는 다음을 참고하라. Yuval Noah Harari, *Homo Deus: A Brief History of Tomorrow* (London: Harvill Secker, 2016); 『호모 데우스: 미래의 역사』, 김명주 옮김, 김영사, 2017.

28 타협 불가능한 가치를 위한다는 명분으로 정체성 정치를 점점 더 엄격하게 요구하는 경향이 좌파에서뿐만 아니라 우파에서도 증가했는데, 이는 두 번째 극인 글로브가 예전에는 좌/우를 보편성의 프로젝트라는 이름으로 뭉치게 했던 유인력을 더 이상 행사하지 못하게 되었음을 보여 준다.

29 영화 *Sully*(2016)를 연결해서 생각할 수 있게 해준 것에 대해는 Jean-Michel Frodon에게 감사한다.

30 이것은 Jeremy W. Peters가 "They're Building a Trump-centric Movement. But Don't Call It Trumpism" (*The New York Times*, August 5, 2017)에서 제시한 대로, 보수적 사고와는 다른 것이다.

31 20세기가 끝나갈 무렵에서야, 기후 이슈가 낙태나 반-다윈주의와 같은 급으로 공화당원을 정의하는 중요 주제로 떠올랐다. 트럼프가 지명한 환경보호국Environmental Protection Agency의 국장 Scott Pruitt은 기후 문제에 대한 지식을 없애 버리는 것을 전략적 목표로 했는데, 대통령의 정책보다 더 일관성 있는 정책을 펴고 있는 것으로 보인다.

32 조세 회피는 중요한 사회적 현상으로 존재해 왔으나(John Urry, *Offshoring* [London: Polity, 2014] 참고), 국민이 모두 한다는 것을

의미하지는 않았다!

33 이를 두고 Kyle McGee가 "야만적heathen"이라고 불렀다. *Heathen Earth: Trumpism and Political Ecology* (Goleta, CA: Punctum Books, 2017).

34 *Facing Gaia*, 2017에서처럼.

35 지사학의 주제는 Dipesh Chakrabarty의 잘 알려진 논문인 "The Climate of History: Four Theses," *Critical Inquiry* 35 (Winter 2009): 197-222에 소개되었다.

36 Anna Lowenhaupt Tsing, Nils Bubandt, Elaine Gan, and Heather Anne Swanson, eds., *Arts of Living on a Damaged Planet: Ghosts and Monsters of the Anthropocene* (Minneapolis, MN: University of Minnesota Press, 2017).

37 이러한 근대적 사고방식의 재훈련 과정은 Michel Tournier가 Crusoe를 가지고 묘사한 부분에 나와 있다. 소설 속에서 Friday는 Crusoe에게 그 자신도 외부인이었는데 외부인으로 남지 않기 위해서는 그의 섬에서 행동거지를 어떻게 해야 하는지 설명한다. 소유자와 소유물 관계의 도치는 Crusoe가 결국 Speranza 섬에 남기로 한 데서도 보인다! Michel Tournier, *Friday*, trans. Norman Denny (New York: Pantheon Books, 1969[1967]) 참고.

38 Clive Hamliton, Christophe Bonneuil, and François Gemenne, *The Anthropocene and the Global Environmental Crisis: Rethinking Modernity in a New Epoch* (London: Routledge, 2015) 참고.

39 Timothy Lenton, *Earth System Science* (Oxford: Oxford University Press, 2016)에 나와 있는 주목할 만한 설명을 참고.

40 이런 이유로 인간이 주인공으로 복귀할 수 있을지에 대한 활발한 논쟁이 있다. 논쟁의 양극단으로 다음 두 책을 참고할 것. Donna Haraway, *Staying with the Trouble: Making Kin in the Chthulucene* (Durham, NC: Duke University Press, 2016), Clive Hamilton, *Defiant Earth: The Fate of Humans in the Anthropocene* (Cambridge, UK: Polity, 2017); 『인류세: 거대한 전환 앞에 선 인간과 지구시스템』, 정서진 옮김, 이상북스, 2018.

41 포의 소설과 기후 위기의 연결점을 알려준 것에 대해선 Aurélien Gamboni와 Sandrine Tuxeido에게 감사한다.

42 www.globalwithness.org/en/campaigns/environmental-activists/

dangerous-ground, (2017년 8월 7일 접속).

43 블레어부터 마크롱까지. 더 심각하게는 사회이론에서도. 다음 책을 참고
할 것. Anthony Giddens, *Beyond Left and Right: The Future of
Radical Politics* (London: Polity, 1994); 『좌파와 우파를 넘어서』,
김현욱 옮김, 한울, 2008.

44 이것이 탈성장de-growth 테마로부터 야기된 영향의 문제점들이다.
근대화의 지평에서, 퇴보 없이는 탈성장을 택할 수 없다. 아니면 지평을
바꿔야 한다. 따라서 번영의 새 용어를 제안하는 것이 중요하다. 새로운
벡터를 따라 만약 진보할 수 없다면 번영을 바랄지도 모른다.

45 Anna Tsing이 이것보다 나은 도식을 제공했다. Tsing의 도식에서는
어떤 주체도 네 개의 유인자에 의해 다른 방향들로 이끌려가는 것으로
표현되어 있다. 이 도식이 더 사실적이지만 간단한 그림으로 표현하기는
어렵다. 개인적인 대화 (Aarhus, 2016년 6월).

46 Bruno Latour and Peter Weibel, *Making Things Public, Atmospheres
of Democracy* (Cambridge, MA: MIT Press, 2005).

47 Noortje Marres, *Material Participation: Technology, the Environment
and Everyday Publics* (London: Palgrave, 2012). "문제도 없고, 정치도
없다No issue, No politics." 우리가 이 멋진 슬로건을 사용할 수 있는 것은
Marres 덕분이다.

48 ZAD는 프랑스어 *Zones à defendre*를 의미하는 것으로, 낭뜨 시 근처에
공항 건설을 멈추게 하려는 활동가들을 "zadist"라고 부른데서 유래한다.
그들의 전략은 공항 사업으로 "개발"될 땅을 점령하는 것과 새로운 방식으로
농부 및 다른 활동가들과 동맹하는 것이다.

49 Donna Haraway가 세계를 글로벌화의 글로브와 구분하기 위해 제안한
새로운 표현을 따랐다.

50 결합의 사회학sociology of associations, 혹은 행위자 연결망 이론ANT:
actor network theory을 어디에 위치시킬 수 있을지에 대해 "사회적인 것
the social"을 연구하는 사회학자들이 고민하는 것과, 생태학적 문제를
어떻게 다룰 것인지에 대해 사회주의 운동이 느리게 반응하는 것은 조금
축소된 형태이긴 하지만 잘 들어맞는다. Bruno Latour, *Reassembling
the Social: An Introduction to Actor-Network Theory* (Oxford:
Oxford University Press, 2005)을 참고.

51 이 용어는 전통적으로 제2차 세계대전에서 시작된 것으로 여겨지는 지구에

대한 인간 활동의 급격한 영향력 향상을 시사한다. 다음을 참고하라. Will Steffen, Wendy Broadgate, Lisa Deutsch, Owen Gaffney, and Cornelia Ludwig, "The Trajectory of the Anthropocene: The Great Acceleration," *The Anthropocene Review* 2 (2015): 81-98.

52 이러한 차단은 "혁명 정신의 종말"과 "새로운 유토피아"를 발명하거나 "새로운 동원 신화"를 제안해야 하는 것 ― 같은 역사의 궤적을 계속해서 꿈꾸는 여러 가지 방법을 만들어야 하는 것 ― 에 대한 지속적인 불만에 의해 잘 나타난다.

53 Pierre Charbonnier, "Le socialism est-il une politique de la nature? Une lecture écologique de Karl Polanyi," *Incidences* 11 (2015): 183-204 참고.

54 여기서 Naomi Klein의 *This Changes Everything: Capitalism vs. the Climate* (New York: Simon & Schuster, 2014) 책 제목이 던지는 질문으로 돌아가서, 정치적 기준점의 안정성 ― 특히 자본주의라는 용어가 가진 마비 효과numbing effect ― 을 이유로 왜 변하는 것이 거의 없는지를 이해하려고 한다.

55 아니면, 그들은 질문을 다시 자연화하는 모델을 빠져나가지 못하고 있다. 이것이 바로 "물질대사metabolism"와 같은 생물학적 은유가 지닌 문제이다. 그러므로 거슬러 올라가 자연의 관념들을 다시 살펴보고, 어떤 이들이 다시 선보이려고 했던 바로 그 정치의 싹을 자르지 않도록 확인하는 것이 중요하다. Jason Moore, *Capitalism in the Web of Life: Ecology and the Accumulation of Capital* (New York: Verso, 2015);『생명의 그물 속 자본주의: 자본의 축적과 세계생태계론』, 김효진 옮김, 갈무리, 2020. 이 책의 제목은 내가 여기서 제안하려는 문제를 간결하게 다시 보여준다.

56 Timothy Mitchell, *Carbon Democracy: Political Power in the Age of Oil* (London: Verso, 2011);『탄소 민주주의: 화석연료 시대의 정치권력』, 에너지기후정책연구소 옮김, 생각비행, 2017.

57 석탄으로 다시 돌아가야 한다("석탄왕")는 트럼프의 강박관념은 새로운 지정학을 거의 완벽하게 보여주는 사례이다. 연결된 사회관계가 모두 더는 지구상에 존재하지 않고 50년이나 뒤떨어진 시대의 연기 피우는 이상향에 대한 꿈이다.

58 Mike Davis가 여러 해 동안 이러한 연결을 강하게 추구했다. 예를 들어, Mike Davis, *Late Victorian Holocausts: El Niño Famines and the*

Making of the Third World (London: Verso, 2002)을 참고.

59 이러한 대조는 Michel Lussault, *De la lute des classes à la lutte des places* (Paris: Fayard, 2009)에서 빌려왔지만, 약간 다른 의미에서 사용한다. 나는 "지리-사회적"이란 표현이 이분법을 유지하고, 하이픈이 (-)이 이런 역할을 한다고 생각한다. 여기에서는 새 포도주를 낡은 가죽 부대에 넣을 필요가 있다.

60 www.reporterre.net/Nous-ne-defendois-pas-la-nature (2017년 8월 7일 접속)에서 인용.

61 Bruno Latour, *Politics of Nature: How to Bring the Sciences into Democracy*, trans. Catherine Porter (Cambridge, MA: Harvard University Press, 2004).

62 Timothy Mitchell의 *Carbon Democracy*의 주요 논점은 결핍의 과학이 어떻게 끝없는 풍요의 과학으로 바뀌는지를 명료하게 보여 준 것이다. 여기에는 패턴이 있다. 생태학이 한계가 있다고 이야기하면 경제학에서는 한계가 없는 미래를 발명할 방법을 찾는다.

63 자신의 손주들에게 그들이 살던 곳보다 거주하기 덜 적합한 세계를 물려준다는 것과 자신이 여섯 번째 대멸종의 주체라는 생각을 가지고 사는 것, 이것들은 생태학적 질문을 비극으로 몰고 가는 선입견 중의 일부이다.

64 이 용어는 Edmund Husserl에 의해 처음으로 소개됐다. 무한한 우주의 테마는 Alexandre Koyré 고전적 연구까지 거슬러 올라간다. *From the Closed World to the Infinite Universe* (Baltimore, MD: Johns Hopkins University Press, 1957).

65 Dominique Pestre가 편집한 훌륭한 3권짜리 연구, *L'histoire des science et des saviors* (Paris: Seuil, 2015)를 참고. 이 모음집은 보편성의 생산자를 역사화하는 것과 그들을 지리적으로 배치하는 것에도 성공했다.

66 Isabelle Stengers, *The Invention of Modern Science*, trans. Daniel L. Smith (Minneapolis, MN: University of Minnesota Press, 2000 [1993])을 참고.

67 Isabelle Stengers, *La vierge et le neutrino* (Paris: Les Empêcheurs de penser en rond, 2005), 특히 부록을 참고.

68 기계는 이상주의의 한 형태로 남아 있는 역학의 원리를 절대 따르지 않는다는 것이 역설이다. Gilbert Simondon이 이 주제를 다음에서 발전시켰다. *On the Mode of Existence of Technical Objects*, trans.

Cecile Malaspina and John Rogove (Minneapolis, MN: Univocal Publishing, 2017). 기계적으로 만들어지지 않는 기계에 관해서는 다음에서 볼 수 있다. Bruno Latour, *Aramis, or the Love of Technology*, trans. Catherine Porter (Cambridge, MA: Harvard University Press, 1996).

69 *Nature as Event: The Lure of the Possible*, trans. Michael Halewood (Durham, NC: Duke University Press, 2017)에서 Didier Debaise는 특히 철학적 분기점에 대한 분명한 설명을 제공한다.

70 "자연주의자"라는 용어는 지금은 고전적이라고 여겨지는 방식으로 Philippe Descola, *Beyond Nature and Culture*, trans. Janet Lloyd (Chicago, IL: University of Chicago Press, 2013)에서 정의됐다.

71 Silvia Federici, *Caliban and the Witch* (New York: Autonomedia, 2004) 참고.

72 반동주의자들의 강박은 "태생"부터 그곳에 사는 토착민들에게 들어오고 그들을 대체하는 외래 집단의 이주 위협과 함께 생각된다. 모든 대중적 강박처럼, 이 강박 역시 현재의 다른 현상, 땅의 변화라는 다른 거대한 교체를 상징화하고 바꿔 놓는다.

73 이러한 이유로 행성과 대지의 차이점을 시각화하기 위한 지도 제작 노력에 감사한다. 지도 제작은 다음 프로젝트에서 진행됐다. Frédérique Aït-Touati, Alexandra Arènes, and Axelle Grégoire, *Terra Forma*. http://cargocollective.com/etherrestrategiclandscape/TERRA-FORMA

74 이런 이유로 Descola의 *Beyond Nature and Culture*의 두 번째이자 덜 알려진 부분에서 관계의 방식, 특히 생산에 관한 구절이 중요하다.

75 갑작스러운 시선의 변화는 우리가 더 열렬하게 책을 읽도록 만든다. Nastasja Martin, *Les âmes sauvages: Face à l'Occident, la résistance d'un peuple d'Alaska* (Paris: La Déouverte, 2016). Anna Lowenhaupt Tsing의 훌륭한 *The Mushroom at the End of the World* 처럼.

76 다음을 참고하라. Sébastien Dutreuil, Gaïa: Hypothèse, programme de recherche pour le système terre, ou philosphie de la nature?" (doctoral thesis, University of Paris I, 2016). 책이 출판될 예정이다. 다음 책들도 참고하라. Bruno Latour, *Facing Gaia*; Timothy Lenton, *Earth System*.

77   James Lovelock, *The Ages of Gaia: A Biography of Our Living Earth* (New York: Norton, 1995).

78   이 관점은 다음의 글에 더 전개되어 있다. Bruno Latour, "Why Gaia is not a God of Totality," special issue, "Geosocial Formations and the Anthropocene," *Theory, Culture and Society* 34, 2-3 (2017): 61-82.

79   Alexander von Humboldt의 복귀는 지구과학으로의 전환이 다르게 받아들여지는 증상이다. Andrea Wulf의 다음 베스트셀러를 참고하라. *The Invention of Nature: Alexander von Humboldt's New World* (New York: Knopf, 2015).

80   이 텔레포테이션 은유의 시나리오는 다음 연구에 참여한 다른 학자들에 의해 탐구됐다. Déborah Danowski and Eduardo Viveiros de Castro, *The Ends of the World*, trans. Rodrigo Nunes (Cambridge, UK: Polity, 2016).

81   이 용어는 지구과학 연구자 네트워크에서 기존에 개별적으로 연구되었던 결과들을 모아 장비가 갖춰진 현장(대부분 집수 구역)을 비교하기 위해 사용된다.(http://criticalzone.org/national/). 임계영역Critical Zone이란 용어가 단수로 사용될 때, 생명체가 지구의 대기와 지질을 근본적으로 변화시킨 얇은 층을 의미하는데, 이는 우주 저편이나 아래의 깊은 지질학과 반대되는 것이다. 다음을 참고하라. Susan L. Brantley et al., "Designing a Network of Critical Zone Observatories to Explore the Living Skin of the Terrestrial Earth," *Earth Surface Dynamics* 5 (2017): 841-60.

82   Isabelle Stengers의 연구에서 중요한 부분은 자격 추방을 감속하는 것에 집중되어 있으나 과학의 중요성을 감소시키지는 않았다. 이것이 그가 "civilizing"이라고 부르는 것이다. 그의 최근 저작을 참고하라. *In Catastrophic Times: Resisting the Coming Barbarism*, trans. Andrew Goffey (London: Open Humanities Press, 2015).

83   예시는 아주 많다. 특히 다음을 참고하라. Charles D. Keeling, "Rewards and Penalties of Recording the Earth," *Annual Review of Energy and Environment* 23 (1998): 그리고 Michael E. Mann, *The Hockey Stick and the Climate Wars: Dispatches from the Front Lines* (New York: Columbia University Press, 2013).

84   무지의 적극적인 생산에 대한 아이디어는 Robert Procter의 담배 사례로

159

유명해졌다. *Golden Holocaust: Origins of the Cigarette Catastrophe and the Case for Abolition* (Berkeley, CA: University of California Press, 2011).

85 "공산주의의 질문들은 좋지 않게 틀지어져 왔는데, 그 첫 번째 이유는 그것이 사회문제, 즉 절대적으로 인간의 문제로 제기되어 왔기 때문이다. 그럼에도 불구하고 그것은 세계를 혼란스럽게 하는 것을 멈추지 않았다." Comitè Invisible, *Maintenant* (Paris: La Fabrique, 2017), p. 127.

86 Will Steffen et al., "Planetary Boundaries: Guiding Human Development in a Changing Planet," *Science Express*, 2015 참고.

87 기후 과학이 사회주의 또는 중국의 음모에 따라 미국을 지배하려고 한다는 미국 공화당의 믿음은 의도적이고 지정학적인 이 힘에 대한 꽤 명확한 그림을 제공해 준다. 대체현실의 추종자들이 모든 것에서도 불구하고 그들이 맞서고 있는 실재를 어느 정도 정확하게 지정할 수 있음을 보여 준다.

88 Clive Hamilton의 *Defiant Earth*는 인간중심주의로 돌아가야 하는 중요한 질문을 제기했다.

89 Haraway, *Staying with the Trouble*, p. 55에 제시되어 있다.

90 숲, 장내 미생물, 침팬지, 버섯, 토양 등 아주 다른 것들의 행위성을 입증한 연구들의 성공으로 무엇이 행위인가에 대한 정의의 방향이 바뀌었다. Vinciane Despret가 잘 기록한 것이 바로 이러한 패러다임의 변화이다. 특히 다음을 참고하라. *What Would Animals Say If We Asked the Right Questions?*, trans. Brett Buchanan (Minneapolis, MN: University of Minnesota Press, 2016 [2012]).

91 이러한 이유로 organism에 대한 철학의 중요성은 Whitehead에 의해 발전했고 Isabelle Stengers에 의해 갱신됐다. *Thinking with Whitehead: A Free and Wild Creation of Concepts*, trans. Michael Chase (Cambridge, MA: Harvard University Press, 2011 [2002]).

92 point de vie 라는 용어(프랑스어로 아주 유사하게 point de vue)는 Emanuele Coccia의 *La vie des plantes: Une métaphysique du mélange* (Paris: Payot, 2016)에서 제시됐다.

93 다음을 참고하라. Michael Callon, *L'emprise des marchés: Comprendre leur fonctionnement pour pouvoir les changer* (Parisa: La Découverte, 2017) 이 책은 그의 이전 저작 *Laws of the Market*

(Oxford: Blackwell, 1998)이 발전된 것이다.

94 Polanyi, *The Great Transformation*, p. 139.

95 여기서 우리는 어떤 의미에서 Montesquieu가 이해했던 것처럼 "law"로
되돌아온다. 게다가 그는 명시적으로 이것을 "기후"라는 용어와 연결
했었다. 신기후체제라는 용어가 등장하기 이전까지 오랫동안 잘못
이해된 이 용어는 '자연법칙의 정신'과 같이 사용되었다. 나는 Gerard de
Vries가 Montesquieu를 해석해 준 것에 감사한다.

96 이런 이유로 2017년 7월 14일에 마크롱과 트럼프가 샹젤리제를 따라
행진하는 군인들에게 경례를 하는 모습은 묘하다.

97 Cyril Dion과 Mélanie Laurent의 다큐멘터리 영화 *Tomorrow*를 보고
많은 사람들이 그러했듯이. Cyril Dion and Melanie Laurent,
Tomorrow, produced by Bruno Levy, 2015: https://www.
tomorrow-documentary.com.

98 한때 혁명적이고 특이한 기독교적 영성으로 가득했던 "Comite invisible
[Invisible Committee]" *Maintenant*의 글은 시위에 앞장서기 위해
"경찰 몇 명을 때리는 것" 이상의 실질적인 결론에 대해서는 거의 제공하지
않는다.

99 독자들은 아마도 성 프란체스코를 찬양하는 것으로 흥미롭게 끝난
Michael Hardt와 Tony Negri의 책 *Empire* (Paris: UGE, 2004)를
떠올릴 수도 있겠다.

100 다음을 참고하라. Starhawk, *Parcours d'une altermondialiste:
De Seattle aux Twin Towers*, trans. Isabelle Stengers and Édith
Rubenstein (Paris: Les Empêcheurs de penser en rond, 2004).

101 Marc Robert와 그의 그룹에 엄청난 투자를 하면서. 다음의 논문을
참고하라. Heng Rao, Luciana C. Schmidt, Julien Bonin, and Marc
Robert, "Visible-Light-Driven Methane Formation from CO2 with a
Molecular Iron Catalyst," *Nature* 548 (2017): 74-7.

102 Baptiste Morizot가 윤곽을 제시한 프로젝트처럼. *Les Diplomates:
Cohabiter avec les loups sur une nouvelle carte du vivant* (Marseille:
Wildproject, 2016).

103 대표적인 성공사례가 Anna Krzywoszyńska가 만든 Soil Care Network
이다. https://www.soilcarenetwork.com.

104 다음을 참고하라. Marie Cornu, Fabienne Orsi and Judith Rochfeld,

eds., *Dictionnaire des biens communs* (Paris: PUF, 2017).

105 이런 반-확대 관점이 행위자 연결망 이론의 중요한 측면이다. 다음을 참고하라. Valérie November, Eduardo Camacho-Hübner, and Bruno Latour, "Entering a Risky Territory: Space in the Age of Digital Navigation," *Environment and Planning D: Society and Space* 28 (2010): 581-99.

106 다음을 참고하라. Hannah Landecker, "Antibiotic Resistance and the Biology of History," *Body and Society* (2015): 1-34. Charlotte Brives가 이 논문을 나에게 알려 준 것에 감사한다.

107 Donna Haraway, *The Companion Species Manifesto: Dogs, People, and Significant Otherness* (Chicago, IL: Prickly Paradigm Press, 2003).

108 Philippe Grateau, *Les Cahiers de doléances: Une lecture Culturelle* (Rennes: Presses Universitaires de Rennes, 2001) 참고.

109 Bruno Latour, "Some Advantages of the Notion of 'Critical Zone' for Geopolitics," special issue, "Geochemistry of the Earth's Surface, GES-10, Paris, France, 18-23 August, 2014," *Procedia Earth and Planetary Science* 10 (2014): 3-6.

110 Dipesh Charkrabarty, *Provincializing Europe: Postcolonial Thoughts and Historical Difference* (Princeton, NJ: Princeton University Press, 2008 [2000]).

111 Peter Sloterdijk, *Si l'Europe s'éveille* (Paris: Mille et une units, 2003 [1995]).

112 이 용어는 다음에서 다른 의미로 도입됐었다. Ulrich Beck, Anthony Giddens, and Scott Lash, *Reflexive Modernization: Politics, Tradition and Aesthetics in the Modern Social Order* (Stanford, CA: Stanford University Press, 1994).

113 트럼프가 피리협약을 폐기한 후 2017년 5월 28일에 앙겔라 메르켈이 밝힌 대로, "우리 유럽인들은 우리 자신의 운명을 책임져야 한다."

옮긴이의 말

기후 위기를 어떻게 극복할 수 있을 것인가? 21세기 최대 화두인 이 질문에 대해 브뤼노 라투르는 하늘만 쳐다보지 말고 주변을 살펴보라고 권한다. 지구를 돌덩어리 행성으로만 보는 우주적 관점을 버리고, 수많은 생명체가 생성과 죽음의 순환 과정을 통해 무생물과 관계를 맺는 장소로 바라볼 것을 요구한다. 인간과 자연에 대한 지금까지의 관념을 근본적으로 바꾸라고 말이다.

라투르는 마치 고대 그리스에서 신탁神託을 전하는 사제인 오라클Oracle처럼 21세기를 살아갈 다음 세대에게 메시지를 전한다. 70대의 철학자는 수십 년의 연구를 통해 갈고 닦은 렌즈로 바라본 세상을 걱정하고 있다. 이를 단순히 자연을 사랑하고, 환경을 보전하며, 인간 중심의 생활에서 벗어나라는 권고로 받아들인다면 절반만 이해한 것이다. 나머지 반을 제대로 이해하기 위해선 시간을 들여 이 책을 정독해야 할 것이다. 여기에는 라투르가 지금까지 걸어온 학문적 궤적과 함께, 최근 들어 더 정교하게 발전된 모습이 담겨 있기 때문이다.

　이 책은 친숙한 예시와 문제 상황들을 설명하면서, 위트와 비유를 더한 구어체를 사용했지만 쉽게 읽히지 않을 수 있다. 번역자로서 원문에 충실하되 국내 독자들이 쉽게 이해할 수 있도록 문장을 다듬고자 최선을 다했으나 한계를 느낀 부분도 있었다. 아마도 지은이가 이 책에서 던진 문제들의 의미를 정확히 파악하는 것이 내용을 이해하는 데 도움이 될 것이다.

　라투르가 지금까지 많은 저작을 통해 근대성, 근대화, 근대 과학의 개념에 들어 있는 주체/객체, 정신/육체, 인간/비인간, 생명/무생명, 문화/자연의 이분법을 깨려고 큰 노력을 해왔음은 잘 알려져 있다. 사실 이런 관점은 라투르만의 것은 아니고 많은 포스트모던 학자들이 공유하고 있는 지점이다. 한 가지 큰 차이가 있다면 라투르는 미셸 칼롱Michel Callon, 존 로John Law 등의 과학기술학STS 학자들과 함께 행위자-연결망 이론ANT, Actor-Network Theory을 개발했다는 사실이다. 예컨대 과학자와 실험기기가, 파스퇴르와 농부 그리고 병원균이 어떻게 연결되어 지식을 생산하고 정치적·사회적인 힘을 발휘하는지를 밝혔다. 이분법을 깰 수 있는 이론적 도구를 제공한 것이다.

　그렇다면 이 도구로 어떻게 기후 위기의 문제를 이해하고 해결책을 제시할 수 있을까? 행성적 차원에서 지구의 문제를 어떻게 다룰 수 있을까? 지금까지 생태적 관점에서 환경문제를 지적한 운동가들은 수없이 많았는데, 왜 지구온난화를 막지 못했을까? 왜 계급 개념에 근거해 사회 변혁을 추구했던 좌파는 생태주의자에게 운동의 동력을 전달하지 못했을까? 기후변화의 사실조차 부정하는 트럼프주의는 어떻게 민주사회에서 권력을 획득하는 수단으로 등장할 수 있었을까? 궁극적으로 200년 넘게 역사의 큰 흐름을 끌고 왔던 근대화의 물결을 바꿀 수 있는 방법은 없는 것일까?

라투르는 이런 문제에 대해서 오랫동안 고민해 왔다. 전작인 『가이아 마주하기*Facing Gaia*』에서는 러브록과 마굴리스의 가이아 개념을 등장시켰고, 이 책에서는 '대지'라는 개념을 들고나왔다. 그 이유는 가이아 개념이 워낙 과학계에서 찬밥 신세를 면하지 못하는 중이고(예컨대 지구시스템과학자들은 이 개념을 거의 쓰지 않는다), 지구에서 생명체가 작동하고 있는 부분인 임계영역에 초점을 맞추어 설명하는 것이 더 효과적인 방법이라 생각했기 때문이라고 짐작한다. 즉 쓸데없는 오해와 논란을 피하고 생명체와 무생물 사이의 얽히고설킨 상호의존적 관계를 강조하려는 의도가 보인다. 여기서 인간은 대지에 '속한' 생명체 중의 하나에 불과하다. 이 관점은 인간을 단순히 자연에 '있는' 존재로 보는 것과는 다르다.

그러므로 인간을 자연과 분리해 초월적 존재로 보는 관점은 산업화로 인한 생태계 파괴, 기후변화와 밀접한 관계가 있다. 다시 말해, 자연에 존재하는 동물, 식물, 광물을 생산 시스템의 요소로 투입할 자원의 형태로 간주하고, 그 폐기물을 산, 강, 바다, 대기에 버려도 된다는 생각이 이 인식론에서 비롯된다는 것이다. 라투르는 그동안 글로벌화의 주역으로 전 세계를 누비고 다니던 사람들이 이제 착륙할 곳을 찾을 때가 되었다고 말한다. 기후변화를 극단적으로 부정하거나 과학기술로 모든 문제를 해결할 수 있다고 주장하지 말고, 이른바 '대지의 것들'에 대한 우리의 인식을 바꿔야 한다는 뜻이다.

라투르가 말하는 신기후체제의 정치는 바로 인식의 변화에 기반한다. 여기서 정치는 좌파와 우파의 대립으로 점철된 정치가 아니다. 대지에서 각자의 생존 조건을 내세우고 상호 의존성 속에서 최선의 방법을 찾는 수단으로서의 정치를 말한다. 생존의 문제를 외면하고 우주로 피할 수 있다고 믿는 트럼프주의자들과는 정반대의 입장이다. 물론 라투르의 신기후체제는 제도적 실체를 갖춘 것이라기보다는 방향성을 제시하기 위한 개념으로 보는 것이 옳다.

라투르는 이 책을 쓸 때 브렉시트, 트럼프 대통령 당선, 미국의 파리기후변화협약 탈퇴 등 국제관계 변화와 각 국가의 사회 불평등 심화를 하나의 연관된 현상으로 주목했다. 한국어판이 나오는 시점에서는 브렉시트 협상의 완료나 트럼프 대통령의 재선 실패와 같은 정치적 사건을 넘어서 바이러스가 전 세계의 사회경제 활동을 마비시키는 상황이 벌어졌다. 기후변화로 인한 생태계 파괴와 이로 인한 인수공통 감염병의 창궐, 글로벌 네트워크를 통한 급속한 전파, 인종차별 문제와 불평등의 가시화 등 비인간이 인간의 정치·경제·사회 시스템에 영향을 끼친다는 것이 단적으로 드러났다. 팬데믹이 신기후체제의 정치를 활성화할까? 라투르는 그렇게 생각할 것이다. 그런 이유에서 그의 후속작이 기대된다.

마지막으로 이 책을 함께 읽고 적절한 우리말 표현을 찾

으며 검토 작업을 하는 데 도움을 준 카이스트 과학기술정책
대학원의 이슬기, 김동진 학생, 인류세 연구센터의 김용진 연
구원, 그리고 수정 보완 및 추가 설명이 필요한 부분을 지적해
준 이음 출판사의 박우진, 임재희 선생님께 감사드린다. 시간
을 한없이 쓴 옮긴이를 큰 인내심으로 기다려 준 주일우 대표
에게도 감사드린다.

2021년 1월
박범순

지구와 충돌하지 않고 착륙하는 방법
신기후체제의 정치

지은이 브뤼노 라투르
옮긴이 박범순

펴낸이 주일우
출판등록 제2005-000137호 (2005년 6월 27일)
주소 서울시 마포구 월드컵북로 1길 52 운복빌딩 3층
전화 02-3141-6126 | 팩스 02-6455-4207
전자우편 editor@eumbooks.com
홈페이지 www.eumbooks.com

편집 임재희
아트디렉션 박연주 | 디자인 권소연
홍보 김예지 | 지원 추성욱
인쇄 삼성인쇄

처음 펴낸날
2021년 2월 15일

2쇄 펴낸날
2021년 6월 1일

인스타그램
@eum_books

ISBN 979-11-90944-14-4 03300

값 18,000원

- 본서의 번역은 대한민국 정부(과학기술정보통신부)의 재원으로 한국연구재단의 지원을 받아 수행된 연구(NRF-2018R1A5A7025409)의 일환입니다.